LES

CHEMINS A ROULETTES

PAR

le Docteur J. JUGE
à Crest (Drôme.)

PARIS
IMPRIMERIE DE E. DONNAUD
RUE CASSETTE, 9
1860

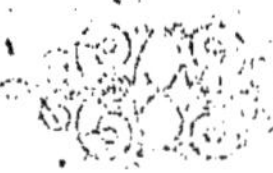

LES

CHEMINS A ROULETTES

AVANT-PROPOS

But et moyens.

Réaliser une idée, tel est le but que nous poursuivons dans cet ouvrage. Dénué des ressources qui nous eussent dispensé du soin de l'écrire, nous avons cru que, de tous les moyens détournés d'arriver à nos fins, le meilleur était d'obtenir une *discussion sérieuse par la publicité*.

Or, pour un système quelconque, quand il s'y prête, le moyen le plus sûr d'arriver à la faveur de cette épreuve, c'est la production d'un exposé théorique et pratique montrant clairement d'un côté les sources, la raison, et la portée de l'idée sur lesquelles il est établi, et de l'autre faisant passer sous les yeux du public une série bien comprise de dessins, projets, devis, calculs accompagnés d'un texte descriptif, clair, précis, catégorique; c'est ce que nous sommes en état de faire aujourd'hui.

Mais sans l'éminent publiciste qui le premier nous tendit la main, et dont le dévouement au *progrès* et non, comme tant d'autres, au *succès* des sciences, ne se démentit jamais; — sans l'ingénieur intelligent et généreux que le hasard fit du premier jour notre ami et notre parfait coopérateur; enfin, sans le jeune artiste plein d'avenir qui nous prêta le concours de son burin avec tant d'affectueux désintéressement, notre idée, pour venir au monde, eût sans doute été longtemps encore victime de laborieux et préjudiciables retards; c'est pourquoi nous n'irons pas plus loin sans rendre un public hommage de la reconnaissance la plus profonde :

A M. Victor Meunier, rédacteur en chef de l'*Ami des Sciences* qui accepta, il y a déjà six ans, le précaire honneur de tenir notre idée sur les fonts baptismaux de la publicité;

A notre ami, M. Adrien Boisson, architecte, dont la pensée s'identifia rapidement avec la nôtre, et qui traduisit si bien nos projets dans la langue spéciale de son art;

Enfin, à notre jeune ami M. Adrien Didier, graveur, lauréat de l'École de Lyon, un jour maître, hier encore, à la lettre, Berger.

Du nom à affecter au système.

Nous avions donné au nouveau système de locomotion le nom de *Chemins à roulettes;* parce que cette appellation, suffisamment euphonique, exprime, sans la limiter, la pensée générale que ce système est comme une *réduction*, un diminutif des chemins de fer, ce qui est en effet; parce que, ensuite, le nom de *Chemins de fer pour les piétons* qu'on pourrait lui apposer dans le même sens, plus clair peut-être et plus explicatif, outre qu'il est trop long pour la pratique et l'usage, tend à *restreindre* et à *fausser*, jusqu'à un certain point, l'idée qu'on doit se faire du système en paraissant éloigner la pensée que ces chemins servent aussi bien aux denrées et marchandises qu'aux voyageurs, et qu'ils admettent ces derniers *assis en chariot* aussi bien que *debout en patins*.

Le mot de *patins* ne devait pas figurer dans ce titre, il eût égaré l'esprit en tronquant malencontreusement notre idée, et diminuant son mérite philosophique et social, comme le lecteur pourra bientôt en juger.

Il est probable que l'usage public acceptera pour la dénomination de ces nouveaux organes de circulation le nom de *Chemins de fer vicinaux;* ce nom a le privilége d'être, pour ainsi dire, d'avance tout fait dans la bouche de chacun; il a sur celui de chemins à roulettes, ce qui est très-important, l'avantage de réveiller, quoique vaguement, l'idée juste de leur destinée, qui est d'être comme le complément philosophique d'un *système circulatoire* ne présentant encore que ses *gros troncs :* les chemins de fer.

Nous devons le dire, cette appellation n'est cependant pas irréprochable; elle fait tort au système en lui refusant mal à propos, en dehors de la *mission d'unir toutes les communes et hameaux,* celle de devenir, au besoin, *ruraux* et d'*exploitation industrielle,* sans sortir de leur unité de plan. Un autre inconvénient plus grave, mais qui disparaîtrait avec la réalisation, est celui de ne rien dire à l'esprit des moyens spéciaux et caractéristiques qu'emploie le système et qui font son originalité : l'*automobilité de l'individu* et la *transition du système individuel au collectif.*

Que le système est individuel.

Nous avons qualifié d'*Individuel* notre nouveau mode de locomotion, par la raison qu'il doit répondre et répond en effet aux besoins de chacun des hommes pris en particulier. Ainsi il transforme et supprime, de manière à ce que désormais ils n'aient à se produire que par exception (confirmative de la règle) les modes primitifs, si imparfaits et si grossiers, dont suit l'énumération :

La locomotion *pédestre,* malgré les conquêtes de la gymnastique (chasseurs de Vincennes) ;

La locomotion à *monture,* malgré le turf et ses prétentions ;

La locomotion sur routes macadamisées, en voiture suspendue, malgré les progrès de la viabilité et de la carrosserie ;

Le transport des bagages et fardeaux *à dos d'homme,* ou colportage.

Le transport *à dos de monture ;*

Le transport sur charrette ou tombereau du lieu de la production, chez le marchand ou le consommateur ;

Enfin, avec tout cela, l'*ensemble des inventions* qui, tentées jusqu'ici en dehors de la logique, ont nécessairement abouti à un avortement pratique plus ou moins misérable. (Vélocipède, barotrope, voitures à vapeur, etc.) Ce système n'aspire pas à se substituer aux systèmes collectifs de la navigation, des chemins de fer et de l'aérostation qui, nul n'en doute aujourd'hui, sont ou seront les instruments spéciaux et trouvés des longs voyages et des échanges lointains ; il se pose, au contraire, pour but net et défini de *compléter le système circulatoire*, dans lequel ces derniers sont voués au *transport collectif.*

En dehors de leur fonction spéciale, les Chemins à roulettes portent avec eux la transition qui les unit naturellement avec ces voies primordiales de deuxième et troisième puissance, et, par là, suppriment l'intermédiaire actuel obligé entre le *transport de tous* et le *transport de chacun ;* c'est-à-dire les services de messagerie et de roulage.

Que le système est populaire.

Nous avons qualifié de *système populaire* notre nouveau mode de locomotion, parce que, sans distinction, toute parcelle de l'humanité, si infime soit-elle, tout fardeau qu'il ait à mouvoir, se trouvent, dans leur faculté locomotrice, *enrichis du même coefficient :*

Hommes sains et valides,
Femmes et enfants,
Vieillards des deux sexes,
Impotents et malades,
Fardeaux, marchandises individuelles de toute nature.

Le système ne fait pas de distinction dans la distribution de ses faveurs ; pour lui, la distinction en pauvres et riches n'existe pas.

Tout peut circuler huit fois plus vite, et à un prix de *moitié inférieur* à celui du temps que fait *gagner la vitesse*. Le prix d'établissement du réseau complet, en France particulièrement, est tel qu'en quatre années d'un plein fonctionnement, avec les avantages de vitesse, l'économie réalisée sur le transport des denrées, marchandises et voyageurs l'amortirait largement.

La nature des matériaux qui entrent dans leur construction et la main-d'œuvre sont telles que, sans gêner sensiblement le développement des autres industries en aspirant leur portion de séve, tout serait terminé avec le chômage de 12 ou 15 ans.

Date de l'invention.

La date précise de cette invention est la deuxième représentation du *Prophète.*

Avant cette époque, nous avions été frappé de la *lacune* qu'elle comble et à la suite d'études physiologiques sur le corps social, nous en étions même arrivé jusqu'à poser vaguement l'immense problème; il est également vrai que, postérieurement à cette même époque, et à mesure que nous creusions l'idée, nous avons eu à concevoir et *fixer* les principales dispositions avec lesquelles nous la présentons aujourd'hui; mais telle n'en est pas moins la date de sa naissance. Si l'on ne compte pas habituellement son âge du jour où l'on est conçu, on ne le compte pas non plus de l'époque où surgissent les dents.

Nous inscrivons une date ici pour contrarier les plagiaires, en cas que notre trésor dût exciter leur envie.

Nous l'inscrivons encore pour apprendre à ceux qui sont disposés à estimer les idées par le temps qu'elles ont passé sur le chantier, que les chemins à roulettes ont, pendant près de dix ans tout à l'heure, subi le travail de notre esprit, grandissant et se fortifiant toujours, par cette longue et persévérante épreuve. Nous la donnons encore pour les amis du progrès que notre idée a pu séduire, et qui, par expérience historique, savent que toute invention a comme des limbes inévitables à traverser. Pour notre grand siècle, et pour l'idée spéciale que nous poursuivons, dix ans de travail intérieur et de préparation seront trouvés bien suffisants, croyons-nous.

De la forme de ce travail.

Un mot sur la forme de ce travail.

Du moment que pour nous les bases de notre solution furent définitivement assises, et pendant que nous poursuivions patiemment une large et profonde étude de toutes les questions qui s'y rattachent, nous jugeâmes en 1853, qu'il conviendrait d'asseoir publiquement nos droits de priorité (sans compromettre toutefois les droits industriels que nous pourrions avoir sur elle) et de tâter sommairement l'opinion pour savoir dans quelles dispositions et dans quel degré de maturité elle serait trouvée par l'explosion de l'idée.

Ce fut alors que le rédacteur en chef de l'*Ami des Sciences*, puisant exclusivement dans sa bienveillance et dans le sentiment des devoirs sacrés que lui impose la noble mission qu'il s'est donnée, des raisons suffisantes pour se prêter à notre désir (nous étions à cette époque un inconnu pour lui) et, toutefois, après nous avoir entendu, rendit compte, dans le journal la *Presse*, d'un petit mémoire paru depuis dans l'*Ami des Sciences*, et spécialement rédigé à son intention pour l'annonce sommaire de la solution du problème.

On sait quelle fortune eut l'article; par lui l'idée fit le tour de la presse française, portée par le rire, sans doute, mais, en pareil cas, le rire n'est-il pas l'impuissance de l'inertie? Nous fûmes provisoirement content de notre part.

Notre grand travail contenant en des divisions physiologiques, dogmatiques, l'étude intégrale de la question est depuis longtemps achevé. C'est en attendant une réserve où nous puiserons quand sera venu le moment de la lutte et des discussions; sa publication eût été au-dessus des sacrifices que nous pouvons nous imposer et, d'ailleurs peut-être, eût-elle difficilement atteint le but spécial que nous poursuivons aujourd'hui. Ayant à saisir instamment, et d'une manière sérieuse, l'opinion, la presse, et par la pression salutaire de ces dernières, les sociétés compétentes, nous avons eu à rédiger un exposé spécial dans ce sens.

Dans cet exposé, nous avons repoussé toute division dogmatique ; il consiste en une suite d'*articles* sur les diverses questions fondamentales que soulève le sujet ; questions de philosophie sociale, de physiologie, de technologie, d'administration et de conduite.

Ces articles qui sont comme des conversations définies, et pour ainsi dire indépendantes, ont été rangés dans l'ordre suivant :

Dans une première partie nous avons examiné, en trois chapitres, les principes philosophiques et scientifiques du système ;

Dans la deuxième, nous avons fait la description technologique des organes de la solution ;

Dans la troisième, enfin, nous avons réuni toutes les questions que peut naturellement soulever un projet, et particulièrement celui d'Aoûste à Crest, qui a été pour nous un sujet d'étude pratique.

PREMIÈRE PARTIE

PRINCIPES PHILOSOPHIQUES ET SCIENTIFIQUES DU SYSTEME.

CHAPITRE PREMIER

UN PROBLÈME DÉGAGÉ.

Menaces d'une grave maladie pour le corps social.

Par l'examen d'un corps, et sur des indices fugaces et inaperçus discerner une *menace de maladie*, une *imminence morbide*, comme disent les médecins; calculer *à priori* les phénomènes fâcheux qu'elle annonce, puis *poser* contre elle nettement, carrément le *problème thérapeutique ;* voilà, dans la question qui va nous occuper, une bonne fortune, un mérite même que nous pourrons d'abord inscrire à notre avoir, sans crainte de contestation.

Nous avons, en effet, vu et indiqué clairement, il y a longtemps, toute l'urgence qu'il y a de préparer sans délai, en faveur du corps social, un remède qu'appellent déjà des symptômes non équivoques.

Le parachèvement du réseau des chemins de fer, et surtout son exploitation normale, unitaire et bien entendue, nous voulons dire avec des règlements libéraux et des tarifs savamment calculés pour être également favorables au public et aux compagnies (ce qui n'ira pas à longtemps, chacun en est persuadé) amèneront bientôt et précipiteront le phénomène suivant, suivi de près de tous ses corollaires :

Il y aura *abaissement progressif* du prix des denrées et marchandises dans les centres de consommation, de manière à ce que ce prix *se nivelle et même s'abaisse*, en moyenne, au-dessous du prix payé dans les *lieux de la production.*

En effet, le prix de transport réduit de plus en plus est, d'ailleurs trop largement compensé par les bénéfices de l'achat en grand, suivi de la vente au détail sur une grande échelle, et gêne de moins en moins la passion de spéculer. Avec cela, dans ces même centres, le travail ne cesse pas d'être mieux rétribué que dans les campagnes; les classes qui tiennent la fortune, et particulièrement la masse des petits rentiers, invinciblement attirée vers l'habitation des villes, ne cesse pas de subir les lois et les caprices de la monnaie, qui se modèlent eux-mêmes sur la nature humaine; ils *versent* ou *laissent couler* dans le lieu qu'ils habitent leur or ou leur temps sur ce qui *sollicite le plus le vertige de leurs penchants;* le luxe étouffe bientôt le confort, et l'équilibre normal du travail industriel et du travail agricole se trouve à jamais compromis.

L'aspiration des centres sur les ouvriers des campagnes, progressivement déshéritées de tout avantage, devient de plus en plus grave, et ce mouvement solidaire de raréfaction et d'engouffrement des populations ne tarde pas à amener, quoique par des causes différentes, les mêmes effets qui anéantirent de si grandes civilisations, et firent tomber de si grands empires; car la politique et les octrois sont impuissants à conjurer de pareils phénomènes.

D'où viendra le remède.

D'où nous vient le mal, de là viendra le remède : une œuvre de l'industrie moderne allait rompre l'équilibre dans les mouvements circulatoires du corps social, une œuvre nouvelle les rétablira sans retard.

Cette œuvre consiste à mettre en rapport normal de vitesse la circulation qui s'effectue dans les interstices des mailles du grand réseau, avec celle qui anime le grand réseau lui-même.

Le parachèvement du réseau général des voies empierrées départementales, vicinales et rurales serait incapable d'amener de pareils résultats; loin de la conjurer, il presserait même la crise, car il n'y a pas ici de rapport entre les avantages offerts aux marchandises et ceux dont bénéficieraient les hommes, ces derniers venant en second lieu, justement l'inverse de ce qui se passe dans le régime des chemins de fer.

Nous nous bornons à énoncer ces vérités, la réflexion du lecteur attentif fera le reste.

Le système capillaire du corps social.

Un mot de profonde philosophie résume admirablement notre œuvre. *Il nous a été donné d'ouvrir à une civilisation qui débute dans la vie*, et chez laquelle on remarquait à peine encore *les premiers gros troncs de son système circulatoire*, il nous a été donné de lui ouvrir à temps, et pleinement, son *système capillaire naturel*, et avec ce dernier, les *transitions importantes* qui de l'ensemble font un *tout physiologique*. Rien ne manque à cette analogie saisissante, ni l'exactitude la plus merveilleuse, la plus irréprochable, ni une certaine portée philosophique, scientifique, capable d'ouvrir les yeux sur bien des questions importantes, ayant trait à l'organisation matérielle des nations, ce qui est *l'ordre du jour de nos temps.*

Voyez plutôt: le réseau des Chemins à roulettes établi dans la plénitude qu'il comporte, l'arbre circulatoire pour chaque nation, considérée comme individu devient complet, un par sa *continuité*, un par sa *composition organique*, et remarquable par les *dégradations régulières* de sa *structure*, à mesure qu'on marche du centre vers la périphérie.

L'arbre circulatoire de l'Être-Nation trouvé, découvert, on se fait rapidement, dès lors, une idée nette de celui de l'Être-Humanité, et l'on entrevoit clairement les destinées réelles des gigantesques moyens de locomotion que, grâce aux progrès de l'industrie humaine, l'air aussi bien que l'eau nous offriront demain peut-être.

Tableau du système circulatoire du corps humanité.

DOCKS. — GARES. — PORTS.

Ces organes qui unissent, soudent les diverses parties du

système circulatoire, sont comme des diverticules analogues du cœur; ce sont des centres de circulation aspirant plus ou moins parfaitement les richesses, pour les refouler de même dans les profondeurs du pays.

I. LOCOMOTION TERRESTRE.

A. CHEMINS EMPIERRÉS. — Ils représenteront le système des lacunes à peu près amorphes qui sont le dernier terme de l'organisation circulatoire. Ils servent plus au travail industriel et agricole, qu'à la circulation proprement dite.

B. CHEMINS A ROULETTES. — *a. Chemins ruraux* ou d'exploitation industrielle, transition inférieure des chemins à roulettes, — premiers rudiments d'organisation.

b. Chemins à roulettes proprement dits. Ils constituent le système capillaire de la circulation sociale.

c. Chemins à roulettes à double voie. — Transition supérieure du système capillaire. — Artérioles, veinules.

C. CHEMINS DE FER proprement dits avec leur simple, double ou quadruple voie, accompagnés de leur chemin à roulettes. L'analogue des troncs artériels et veineux; leur vitesse moyenne s'accroît par l'ouverture du système capillaire.

II. NAVIGATION AQUATIQUE PAR FLEUVES, CANAUX, MERS, ETC.

Cette locomotion se perfectionnera doublement par la canalisation des fleuves, la création de canaux, le percement des isthmes, le perfectionnement des cartes, et par d'importantes révolutions dont on voit poindre les germes. Leur destinée est d'unir les *bassins*; — transition entre la locomotion terrestre et la locomotion aérienne, elle constitue, à proprement parler, la grande vicinalité humanitaire, — avec toutes ses variétés et transitions.

III. NAVIGATION AÉRIENNE.

Peu d'intelligences doutent aujourd'hui de la découverte

de ce mode de locomotion par excellence, organe circulatoire de l'Être-Humanité. Sa destinée est de mouvoir de grandes masses (marchandises et voyageurs) et à de grandes distances. C'est le *surtout circulatoire* qui unit les continents.

Physiologie.

Les mouvements qui s'effectuent dans un corps vivant appartiennent à trois ordres puissanciels fort distincts :

1° A la première puissance, on trouve les mouvements intimes, chimiques, spéciaux du travail de la nutrition, et qui, pour le corps social, sont les mouvements intimes de l'homme dans les ateliers agricoles ou industriels.

2° A la deuxième puissance, ce sont les mouvements circulatoires proprement dits, et qui, pour le corps social, représentent la série complète avec le sol pour élément.

3° Enfin à la troisième puissance, nous avons les mouvements dits de relation et qui, pour le même corps social, sont représentés par la navigation aqueuse et aérienne. Ce qui seul nous intéresse ici, c'est le mouvement de la deuxième puissance.

Dans ce mouvement, les marchandises et voyageurs, l'analogue des liquides circulatoires et globules organisés partent des Gares-Docks, cœur et foyer du mouvement, poussés, entraînés par une force spéciale étrangère, externe, aujourd'hui la vapeur; mais cette force, à mesure qu'ils s'éloignent des centres, décroît progressivement; aux portes des capillaires elle est déjà à peine sensible : il faut, dès lors, que ces corps cherchent et trouvent ailleurs et, qui plus est, en eux-mêmes, le principe de leur mouvement; c'est ce qui arrive en effet.

Le système capillaire de la locomotion inventé, trouvé, il n'y aurait plus d'engorgement, de stases irrégulières dans les parenchymes sociaux (qu'on nous passe cette expression), il n'y aurait plus d'atrophie, conséquence indirecte, mais nécessaire de ces stases; il y aurait équilibre, égalité des organes devant la richesse publique. De là résulterait la possibilité d'une activation presque indéfinie du mouvement intime, c'est-à-dire l'élévation de la vie à sa dernière puissance, puisque d'essence le *mouvement c'est la vie.*

Ainsi, trouver un remède à l'immense malheur social dont nous sommes menacés, et, du même coup, préparer activement des voies inespérées de prospérité, tel est le véritable nœud gordien du temps, que le premier nous avons eu l'honneur et la bonne fortune de *montrer;* sinon de *reconnaître.*

Voies et procédés de solution.

Maintenant, par quelle voie arriver à une solution, par quels moyens la poursuivre? D'abord, notre premier soin a été de condamner à jamais, par un travail d'histoire et de physiologie, toutes les voies ayant conduit ou devant conduire le chercheur à l'absurde ou à la stérilité, ce qui ne vaut guère mieux.

Cette opération menée à bonne fin, sans trop de peine, nous n'avons plus eu à choisir; il n'est resté dans le creuset qu'une double voie, un double moyen pur, naturel; une double évidence comme sont toutes les choses d'avenir, et c'est mieux encore ce caractère qui frappe, que nos travaux, nos calculs de dix ans, qui nous pénètre de confiance dans le succès de notre idée. Cette double voie consiste :

1° Au négatif, à pousser jusqu'à ses dernières limites, par le moyen le plus parfait, l'amoindrissement presque indéfini des obstacles qui se dressent contre la locomotion à la surface du sol.

2° Au positif, trouver et recueillir, en suffisante quantité des *forces perdues, ne coûtant rien ou peu,* et se trouvant, à *chaque instant,* à la disposition de *toute marchandise et de chacun, sans exception,* tant qu'il ne s'agit que des besoins individuels; puis, par des procédés, par des organes les plus convenables, les plus simples, les plus économiques; faire concourir ces forces au franchissement des obstacles *impossibles à supprimer.* Ces deux pensées se fondent et arrivent à la vie par un seul procédé :

Suivre la nature dans ses pentes et tendances, la *raccorder* avec le monde *créé par l'homme;* donner des *allonges à l'homme* en le convertissant en *véritable locomobile; perfectionner la marche,* étendre sa puissance; tout cela au lieu de *créer de toutes pièces* quelque machine nouvelle dans le sens habituel du mot.

CHAPITRE SECOND

ÉLÉMENTS PHYSIOLOGIQUES DE NOTRE SOLUTION.

L'acte de glisser sur la glace.

L'acte de *glisser sur la glace* tend à faire naître, dans les esprits inattentifs, de très-fausses idées sur le compte du patiner proprement dit; c'est pour cela que nous en disons un mot. Le glisser consiste purement et simplement à prendre son élan sur le sol, et, l'impulsion acquise, et l'aire polie atteinte, à se laisser aller, puis à se maintenir en équilibres divers, sur un pied, ou souvent sur les deux à la fois, sans autre chaussure que la chaussure ordinaire.

Cet acte familier, du reste, à tous les enfants des pays dans lesquels se produit la glace, n'imprime sur cette dernière que les traces d'un seul des deux temps constitutifs de tout acte locomoteur. On n'y voit, en effet, que celles *de mouvement,* celles de *prise d'appui* sont absentes. Cette prise d'appui a eu lieu néanmoins, mais sur le sol et la chaussure n'est, à proprement parler, dans cet acte, qu'un véritable traîneau.

Théorie du patin à glace.

La figure 8 représente le pied droit chaussé du patin à glace de la forme la plus généralement adoptée.

Pour la description de cette machine, on peut admettre trois divisions naturelles : le fût, la ligature et le fer.

Le fût ou bois est le squelette du patin; il est constitué, ainsi qu'on le voit en étudiant la figure, par une sorte d'é-

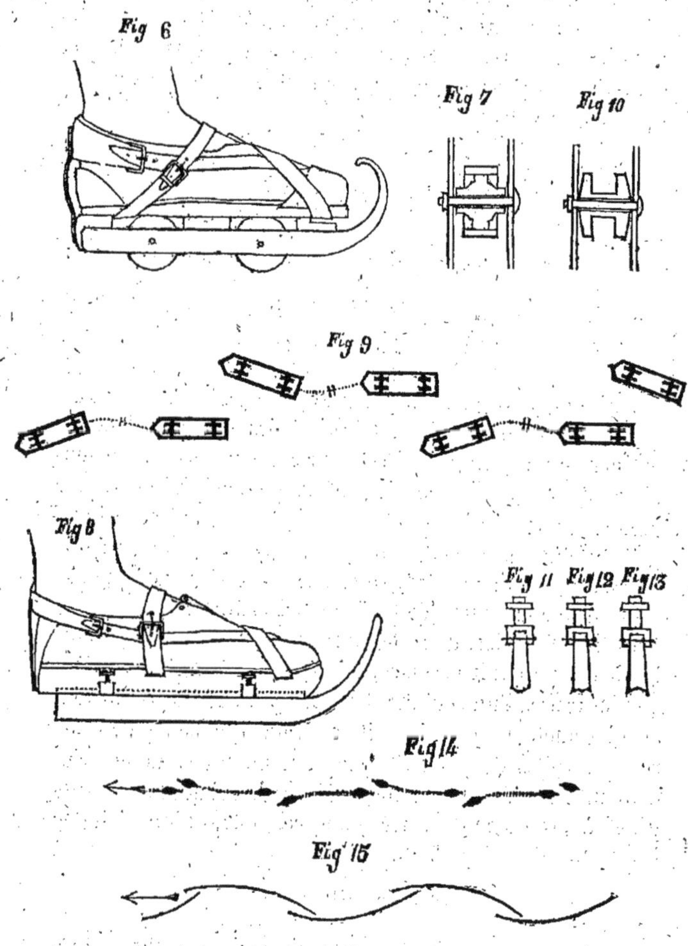
Fig 6
Fig 7
Fig 10
Fig 9
Fig 8
Fig 11
Fig 12
Fig 13
Fig 14
Fig 15

paisse semelle en noyer, évidée en dessus pour recevoir, avec une parfaite adaptation, la face inférieure de la chaussure habituelle, et travaillée en dessous en forme de carène. On voit sur le dessin les orifices rectangulaires de deux mortaises transversales perçant, de part en part, cet organe pour recevoir, sans les fixer, deux courroies qui, par un croisement facile à comprendre, constituent le système de ligature qui a généralement prévalu. La crête de la carène est longitudinalement creusée d'une rainure destinée à l'encastrement d'une lame de fer qui n'est autre que le *fer*. On voit sur la figure la profondeur de cet encastrement et de même, par transparence, deux écrous à tête fendue destinés à l'attache solide du fer au fût. Les trois coupes que présentent les figures 11, 12 et 13 font très-bien saisir la disposition. On voit encore, et de la même manière, une petite pointe vissée dans la face supérieure du fût et dont l'usage est, en se plantant dans la semelle du soulier, de contribuer à la solidité de la ligature.

La ligature proprement dite est constituée, en essence, par une courroie et une bride; la courroie fixée en arrière par une talonnière clouée au talon du fût, forme un huit de chiffre dont la croisure est sur la partie antérieure du pied, tandis que l'anse antérieure passe dans la mortaise transversale dont il a été question.

Les deux extrémités de cette courroie se réunissent par une boucle de cuivre sur la face externe du pied. La bride, elle, est constituée purement et simplement par une courroie qui passe dans sa mortaise spéciale et bride le pied. La boucle de cuivre, moyen de réunion de ces extrémités, se voit également à la face externe du pied. Le fer, organe capital du patin, est constitué par une lame à peu près rectangulaire qui, arrivée à l'extrémité antérieure du fût, s'enroule en une sorte de volute dont la fonction est d'écarter les obstacles mobiles qui peuvent s'opposer au patineur. Le bout supérieur de cette lame, un peu aminci s'encastre, comme il a été dit, dans la crête inférieure du fût ; son bord inférieur, garni de bon acier, présente une légère bombure générale dont le maximum est plutôt en avant. Ce bord peut être plat et même un peu arrondi (système hollandais), il peut être creusé d'une gouttière longitudinale (patin ordinaire); enfin on a imaginé une double cannelure, les coupes que représentent nos figures 11, 12 et 13, feront parfaitement saisir la chose, On nomme *carrés* les *arrêtes* que présente ce bord inférieur de fer.

Maintenant, avec une chaussure pareille, par quels procédés gymnastiques l'homme peut-il se mouvoir sur une aire glacée ? Où sont les deux temps de cet acte moteur ? Où finit la prise d'appui ? où commence le mouvement proprement dit ? et comment ces deux temps se marient-ils en un exercice en harmonie parfaite avec l'organisme ? L'étude de ce point a été pour nous la première et fondamentale préoccupation ; c'est celle qui a présidé à la solution scientifique définitive, et nous ne nous étonnons nullement d'avoir été, à l'apparition de notre Mémoire *ballon d'essai*, condamné sans appel par les *praticiens*, parce que *patiner sur deux lignes parallèles — et directes est impossible.*

Sauf l'injure de pitié, dont on devrait savoir se défendre envers un inconnu, cette pensée fait honneur au bon sens public, parce qu'elle est le nœud de la question et que c'est déjà beaucoup que d'entrevoir le nœud des questions. M. Brento, un ingénieur distingué écrivait, il y a quelques mois, à propos de la question soulevée par nous, les lignes suivantes :

« . . . . Donc, je prends le projet de locomotion populaire de M. Juge, et je lui signale quelques petites difficultés plus ou moins graves : d'abord son double rail destiné au passage des patineurs sur roulettes ne constitue qu'une seule voie et a moins de croisements, de gares d'évitements et de plusieurs autres accessoires, la circulation y serait fort gênée. Ensuite, il faut remarquer comment la marche sur les patins diffère essentiellement de celle sur les souliers ; la différence tient à ce que, quand on marche sur la terre, le soulier rencontre une résistance dans tous les sens. Au contraire le patin, soit à lame d'acier, pour aller sur la glace, soit à roulettes, pour aller sur un plancher, rencontre une résistance très-faible au glissement en long, en avant ou en arrière, et une résistance énorme au glissement en travers. C'est pourquoi le patineur marche toujours en zigzag.

Lorsqu'il est en mouvement sur le pied gauche, s'il maintient d'aplomb le plan de la lame ou des roulettes, il glisse en ligne droite, ou bien, s'il penche ce plan d'un côté, son chemin se courbe doucement du même côté; puis, quand le travail du frottement a diminué de beaucoup la vitesse du patineur, celui-ci pousse le patin du pied droit dans une direction qui forme un angle très-sensible, au moins de 20° à 30°, avec la fin de la trace du patin gauche; en même temps que le patineur porte à droite et en avant le poids de son corps, il fait, en arrière, un effort puissant de la cuisse et de la jambe gauche, effort dirigé transversalement à la direction actuelle du patin de gauche; c'est cet effort transversal qui rencontre une forte résistance au glissement, c'est cette résistance qui sert d'appui pour lancer le corps en avant, sur le pied droit, avec une vitesse renouvelée. On répète périodiquement les mêmes mouvements, en alternant les fonctions respectives des deux pieds, et toujours la fin de la trace d'un patin forme un angle très-marqué avec le commencement de la trace suivante de l'autre patin. (Ces traces, ainsi alternées sont indiquées dans le croquis fig. 15.)

« On remarque que la trace ne se termine pas brusquement à l'instant où commence la trace suivante.

« C'est ce mode de propulsion qui règle et coordonne les mouvements du patineur. Les dessinateurs qui ne savent pas patiner, ne manquent jamais de représenter les patineurs dans les mouvements et les attitudes de la marche et de la course ordinaire sur la terre, mouvements et attitudes absolument impossibles pour le patineur. Le commençant qui essaie de changer de pied, en tenant les deux patins parallèles, et en poussant tout droit, en arrière, le pied qu'il veut lever, faute de résistance suivant la longueur de la lame, ne manque jamais de glisser en arrière de ce pied, sans pouvoir rendre à la masse de son corps appuyé sur l'autre pied, une vitesse renouvelée. Alors on tombe plus où moins désagréablement, mais inévitablement... »

Les lignes qui précèdent contiennent la théorie pure du patiner, de quelque variété de patin qu'il s'agisse; on eût pu l'exprimer plus physiologiquement, plus brièvement peut-être, mais pas plus intelligiblement.

Elle contient toutefois une erreur d'observation, probablement une inadvertance, qui nous a beaucoup étonné de la part de ce savant, d'ailleurs si éminemment sagace en analyse. Dans le patiner direct les courbes que chacun des pieds trace, à son tour, sur la glace ont leur courbure en *dehors* et non en *dedans*, puis chaque courbure, en raison de la vitesse du glissement, est sensiblement plus *allongée* que semble le croire l'auteur, surtout quand la glace est unie; de sorte que le patineur émérite trace sur la glace la figure 14 qui représente la vitesse habituelle, et non la figure 15 donnée par notre critique.

Le patin à roulettes.

La figure 6 (*Voir* page 15) représente le pied droit chaussé du patin à roulettes de la forme la plus généralement adoptée. On peut également, pour la description et l'étude, admettre trois divisions naturelles dans cette petite machine : le système des roulettes ou *chariot*, l'analogue du fer; la *plate-forme* ou *fût;* enfin, la *ligature*.

La plate-forme est constituée par une planchette, en noyer, de la forme d'une semelle évidée à sa face supérieure pour s'adapter convenablement avec la face inférieure du soulier; elle est l'organe intermédiaire de liaison entre le système des ligatures et celui des roulettes; c'est le bâtis.

A sa face supérieure la plate-forme présente un *bout-de-pied* et une *talonnière* en cuir; à sa face inférieure elle est liée avec le chariot par trois petits cubes de bois dont on voit le profil dans la figure. Le chariot est constitué par un fer, divisé par un plan vertical, en deux lames parallèles soudées, en avant, en volute et tenant, dans leur séparation, les roulettes dont elles constituent le brancard.

Les roulettes peuvent appartenir à deux variétés de formes principales; elles sont en *bouton de chemise*, fig. 10, ou en *roulette de table*, fig. 7. — Comme ces deux coupes le montrent, les roulettes tournent sur leur axe. Elles sont en cuivre et peuvent atteindre un diamètre de 5 à 6 centim. pour les personnes exercées.

La ligature du patin à roulettes, est, à quelques modifications près, celle du patin à glace : à part le bout de pied et la talonnière; elle est constituée par une courroie fixée au cube postérieur par un petit ressort courbé, mais d'ailleurs ressemblant entièrement à celle du patin à glace; il en est de même pour la bride.

L'invention de ce patin date de 1819; elle est due, si ma mémoire me sert bien, à un nommé Garcin, qui en usa, pour la première fois, sur les trottoirs de Paris.

En 1849, un nommé Legrand prit un brevet pour l'exploitation de cette petite machine, se proclamant inventeur et propriétaire exclusif de tout système de patins *se mouvant par moyens rotatifs*.

Le dirons-nous maintenant? la théorie de l'acte physiologique par lequel on se meut, au moyen de ces organes mécaniques sur une aire légèrement élastique ou rugueuse est, sauf quelques paticularités de détail, la même que celle de l'acte de patiner sur la glace.

Cet acte est également composé de deux temps qui alternent : *génération du mouvement*, et *emploi du mouvement au déplacement du corps*.

C'est une sorte de marche transcendante et perfectionnée, dans laquelle la masse humaine se meut, portée tour-à-tour sur chacun des membres devenue colonne rigide, (et se tenant en équilibre sur deux roulettes décrites plus haut, plus facilement encore que sur une côte d'acier), après que l'autre membre fatigué, ou non, du même service, mais obéissant à la volonté, s'est d'abord insensiblement converti en ressort, puis distendu subitement de manière à propulser la masse, le point d'appui convenable ayant été préalablement pris sur le sol.

Comme on voit c'est le même mécanisme que sur la glace, seulement la colonne *roule* sur sa base au lieu de *glisser*, et la prise d'appui se fait dans quelle que soit la variété du patin adoptée, chaque fois que l'on veut s'animer d'une nouvelle impulsion, en incurvant en dehors la ligne droite selon laquelle on roulait (*Voy.* fig. 9).

Le système des deux roulettes *recevant l'effort de côté*, obliquement et non parallèlement à l'axe du brancard, devenu alors comme un système de deux protubérances rondes, formées par les roues, qui rencontrent dans l'élasticité de sa surface ou sa légère rugosité, grâce à l'instantanéité de l'effort musculaire, une résistance suffisante et au delà.

Le système des patins à roulettes, qu'au premier abord on pourrait croire supérieur à celui des patins à glace, *en vitesse*, de tous les avantages du roulement sur le glissement, et *en équilibre*, de tous les avantages d'une station sur une base réelle, sur une station en une côte presque sans épaisseur, lui est bien inférieure, au contraire, sous ce double rapport ; du moins telle est est l'opinion de l'habile directeur du ballet de Lyon, M. Justamant, qui, dans le temps, fit exécuter, pour nous, quelques expériences à ce sujet.

Mais cette double infériorité pratique n'infirme en rien la supériorité virtuelle du système. Si pendant que l'on pourrait citer, sur la glace parfaitement unie, des vitesse de *deux kilomètres*, en *une minute et demie*, sans danger couru, on ne peut, selon M. Justamant, compter sur une vitesse de plus de quatre lieues à l'heure, encore avec des chances d'accidents fâcheux; cela vient uniquement de la nature des surfaces auxquelles ce patin doit avoir recours dans le système en vigueur. Cette infériorité de vitesse, en raccourcissant régulièrement chaque jet, amène toutefois une infériorité d'une autre nature, des *incurvations plus grandes* du même jet, de telle sorte que, pour *patiner en longueur*, sur le parquet ou le bitume, la bande du sol mise à réquisition doit être notablement plus large.

Pour faire saisir le rôle des roulettes dans la prise d'appui nous avons été forcé, à notre regret, de tasser la figure 9, et de raccourcir les jets ; ce qui n'a pas eu lieu quand il s'est agi du patin à glace ; mais l'esprit du lecteur suppléera.

Conditions faites au problème.

D'après l'analyse qui précède, quelles conditions fondamentales se trouvaient-elles faites à la pensée première ? Les voici résumées au nombre de sept :

1° Être en possession d'une voie, la plus dure, la plus unie, la plus horizontale et la plus directe possible, afin que la masse impulsée soit dans les conditions les plus parfaites de locomotion.

2° Que cette voie, par sa conformation spéciale, soit en état de recevoir l'ensemble des mécanismes qui découlent *naturellement* de l'idée fondamentale de la locomotion nouvelle.

3° Que, dans le système, la prise d'appui et l'arrêt puissent avoir lieu selon les conditions les plus favorables possibles, et que, par lui, sur ce point comme sur les précédents, les patins à récréations (glissants ou roulants) soient distancés.

4° Que, malgré ces dispositions, la nouvelle locomotion présente des garanties d'équilibre pratiques, suffisantes et supérieures, cela va sans dire, à celles des susdits patins.

5° Que la force, qu'à chaque instant, chacun peut avoir à sa disposition pour cet usage, soit démontrée suffisante, pour vaincre les résistances de l'air calme ou agité (vents) et pour gravir le taux extrême des rampes qu'il serait impossible d'éluder.

6° Que le prix de revient et les frais d'entretien et d'exploitation restent, malgré tout, dans des conditions de bon marché compatibles avec les ressources actuelles, même de la *vicinalité*.

7° Enfin, que la solution porte avec elle un bagage de transition, suffisant pour ménager d'une manière irréprochable le passage du régime ancien dans le régime nouveau.

Or, nous nous empressons de le dire, pour que le lecteur nous conserve jusqu'au bout son attention bienveillante, ces difficultés, en apparence insurmontables, ont été vaincues de manière à dépasser toutes les prévisions ; on sera bientôt dans la position d'en juger en connaissance de cause.

CHAPITRE TROISIÈME

REVUE DES CONDITIONS D'UNE SOLUTION INTÉGRALE.

Matière de la voie.

D'abord, en ce qui concerne la voie, une grande question surgissait; celle de la matière à employer. Après avoir mûrement scruté tout son champ, nous prononcerions-nous pour le fer, ou pour une matière vitrée? Sans rejeter, et en appelant, au contraire de tous nos vœux des expériences sur cette dernière substance, que l'on pourrait avoir presque pour rien, nous nous sommes néanmoins, sans hésitation, déterminé en faveur du fer, qui a déjà fait ses preuves et est d'un usage courant aujourd'hui.

Le principe des rails.

Le fer accepté, les conditions de construction et de prix de revient nous amenaient naturellement à l'idée de rails, et nous forçaient de renoncer à tout système de *voie plane*.

Il n'a pas échappé à nos méditations que le problème que nous poursuivons pourrait, *jusqu'à un certain point*, être résolu par le *patinage sur un trottoir* en fer ou en verre, au moyen du patin à roulettes ordinaire à peine modifié.

Il faudrait pour cela que ce ruban *de* 50 *à* 60 *cent. de large*, solidement établi et convenablement nivelé, fût composé d'une *bande médiane*, parfaitement unie, bordée, à droite et à gauche, par une *bande rugueuse*, et dont les aspérités iraient s'exagérant à mesure qu'on se rapprocherait des bords de ce ruban. Le mouvement acquis, on roulerait sur la bande médiane unie; lorsque l'on voudrait s'impulser de nouveau, le pied gauche à gauche, le pied droit à droite, iraient par la petite courbe finale, propre à cet exercice, chercher un point d'appui sur les rugosités. Cela serait, à la rigueur, possible; mais les difficultés de précision et d'équilibre de cet exercice, mais la question technologique et de prix de revient soulèveraient des difficultés fatales à cette solution, à supposer que déjà elle ne fût pas condamnée, en dernier ressort, par son inaptitude à *remplir les conditions et la destinée* du problème de la *locomotion individuelle;* tous faits que du reste l'analogie pouvait fort bien faire pressentir.

Les trois ordres de rails.

Ces rails seraient-ils creux, saillants ou mixtes? Les uns et les autres étant possibles, nous avons étudié leurs avantages respectifs, et nous nous sommes ensuite prononcé pour ce qui nous a paru préférable en l'état; faisant toutefois nos réserves en faveur de l'avenir.

Le système creux.

Le système à rails creux que nous avions en tête, dans le principe, était mieux fait pour séduire le lecteur par la simplicité de la théorie de locomotion qui lui est propre, et qui à tort, faute de connaissances pratiques, nous paraissait d'un établissement bien moins coûteux.

Mais, pour être juste envers nous-même, il faut le dire, les difficultés d'un bon établissement et d'un entretien convenable, ne nous avaient pas échappé, et les hommes de l'art comprendront facilement que, pouvant mieux faire, nous ayons abandonné cette idée, que peut-être l'usage du verre, à la place du fer, pourrait rendre viable; notre fig. 5 donne un plan par terre et une coupe vue d'en haut et de 3/4 de ce système.

Le système saillant.

Le système à rails saillants, d'une simplicité extraordinaire, nous apparut de bonne heure comme le dernier mot du problème. Simplicité, bon marché (son établissement coûterait moitié moins), solidité, facile entretien, rapide établissement, tout est pour lui, mais il suppose une éducation gymnastique, sur laquelle il eût été, pour le moment, dangereux de compter, et dont l'absence eût certainement compromis le succès immédiat de l'œuvre.

L'éducation suffisante du public, pour l'adoption d'une pareille disposition de la voie, en définitive notre dernier mot, ne serait néanmoins pas longue, comme on peut le croire et elle ne tarderait pas à être suivie du développement intégral du système et des transformations qu'il est dans son essence d'amener : notre fig. 4 en donne une représentation dans les mêmes conditions que la figure du système creux.

Le système mixte.

Le système mixte, comme le mot l'indique assez, est un mariage des deux précédents, une ornière au fond de laquelle se trouve un rail saillant, en voilà en deux mots le trait caractéristique. Ce système que nous avions étudié et analysé dans toutes ses propriétés, et à titre de possibilité et d'éventualité, nous devons à M. Boisson de l'avoir définitivement adopté ; le lecteur peut s'en faire provisoirement une idée par l'inspection de la fig. 17 tracée du même point de vue que les deux précédentes.

Le *système mixte* a, sur le saillant tous les avantages du creux sur ce dernier, du moment qu'il s'agit de la facilité d'équilibre offerte à la locomotion ; il a ensuite, sur le système à *rails creux*, lui-même, des avantages inappréciables de bonne construction, de solidité, d'entretien, de montage, qui mettent, au moins jusqu'à nouvel ordre, notre choix au-dessus de toute contestation ; le surcroît de dépense qu'il amène est bien peu de chose en regard de tous ces avantages technologiques.

Nombre de rails.

Deux rails accolés, c'est-à-dire, une voie suffisant à la rigueur, à la *circulation vicinale*, nous eussions doublé la voie, dans le cas d'une fréquentation plus grande ; les dépenses, occasionnées par l'établissement du système étaient ainsi proportionnées au service qu'on en voulait tirer. L'adoption du système mixte et les idées de M. Boisson, à l'endroit de la construction, nous ont amené à une forme constante et universelle, qui, avec un surcroît de prix modéré, répond à tous les besoins. La voie a trois ornières ainsi que le montre nos dessins ; par cette modification, les voyageurs se croisent sur cette dernière en sens direct, comme en sens contraire, avec la plus grande facilité, sans danger et sans habileté spéciale de leur part.

Le système en acquiert une notable solidité et perfection d'établissement, sans amener un surcroît de dépenses proportionné.

Rails spéciaux du mode mineur.

Maintenant la voie ainsi constituée, recevra on ne peut plus facilement les organes fondamentaux de ce que nous avons appelé *le mode mineur de la locomotion.* Ces organes importants ne sont autres que *deux rails saillants* en fer méplat, que l'on encastre longitudinalement dans les deux longrines externes, et qui constituent la *voie spéciale de l'ensemble des mécanismes* autres que le *patin* et le *vélocipède* (ce dernier étant une *transition* entre le *mode majeur* et le *mode mineur*) invoqués comme complément absolument indispensable. Le système définitivement adopté permet d'élargir les chariots et se prête par conséquent mieux à l'exploitation ; il absorbe d'une manière complète et suffisante, l'*idée de détail* dans la réalisation de laquelle M. Serveille a dû nous précéder et qui a déjà reçu l'approbation de tous les hommes compétents.

La voie n'a pas besoin d'avoir une solidité spéciale pour ce travail ; dans quelques cas rares, les longrines qui portent ces rails, sont, si l'on veut, tenues un peu plus fortes ; mais, le plus souvent, elles seront suffisantes et au delà, surtout lorsqu'on prendra la précaution de reporter une portion du poids total sur les *rails à patin* par le moyen de galets placés sous les chariots, et pouvant être amenés au contact de ces derniers au moyen d'un mécanisme facile à concevoir et à exécuter.

Quant aux mécanismes nécessités dans des cas exceptionnels, dont il sera question plus loin, la présence d'une longrine médiane de plus double les ressources, ce qui constitue encore un avantage en faveur de la triple ornière. Pour se faire une idée de la disposition des rails spéciaux du mode mineur, on jettera un coup d'œil sur les fig. 1, 3 et 17.

Organes de la prise d'appui et de l'arrêt.

Ces premières données fixées, comment trouver maintenant pour la génération du mouvement, une prise d'appui simple, facile, fidèle, supérieure à celle dont jouit le patin à glace, de toute la supériorité du *roulement sur le fer* sur le *traînement sur la glace*, une prise d'appui, qui, complétant le système sans lui porter de préjudice, offre également des procédés et moyens d'arrêt dégagés de complications pratiques, efficaces, en harmonie avec la vitesse du mouvement une fois acquis? La réponse est triple, c'est-à-dire en rapport avec les trois espèces de rails creux, saillants et mixtes.

Dans le système à rails creux, le patin à roulettes ordinaire porte simplement pour cette fonction, à l'extrémité antérieure de son bord externe et à l'extrémité postérieure de son bord interne, des petits coussins d'une élasticité modérée; on peut voir leur position et leur étendue relative dans la fig. 5 où l'on a représenté le plan par terre, des patins avec la position qu'ils occupent dans leur ornière respective.

Des coussins de même substance sont avec cela fixés sous l'extrémité antérieure et l'extrémité postérieure du patin, ou par un mouvement de bascule du pied, en avant ou en arrière, imité de l'exercice du patin à glace, ils sont destinés à compléter les moyens d'arrêt et de prise d'appui; nous avons imposé à ces organes le nom de *sous-coussins*.

Quant à l'ornière, ainsi que la coupe présentée à la fig. 5 le montre, sa forme est celle d'une gouttière et son fond est longitudinalement garni d'une bande de fer tuilé, pendant que ses parties latérales sont constituées par une double série de stries transversales, taillées dans le bois. L'inspection de la fig. 5 peut nous dispenser d'une plus ample description ; avec ce qui précède, elle nous montre également les rapports de dimension entre l'ornière et le patin, qu'elle est appelée à recevoir. Dans le système à rails saillants, les roulettes du patin diffèrent de celles du précédent, en ce que, quelle que soit leur dimension, elles portent une gorge destinée à recevoir le rail saillant, à moins, toutefois, qu'on ne se prononce pour le système des roulettes coniques adopté, comme nous le verrons dans le projet que nous soumettons au public.

La gorge des roulettes, seul caractère spécifique du patin à rail saillant, est notablement plus large que l'épaisseur du rail; lisse au fond, elle est striée sur les bords et ses stries correspondent aux stries latérales portées par le rail sur lequel elle est appelée à rouler.

Dans le patin dont il est question, les sous-coussins sont constitués *par un coussin à angle rentrant* rembourré comme une selle de cheval, de manière à embrasser le rail saillant. Ils ont exactement la même position et le même usage que dans le cas précédent.

Dans le système mixte, le patin devient de toute nécessité plus compliqué; par les principes de sa construction, il tient à la fois des deux précédents.

On peut le voir par l'inspection des fig. 1, 2 et 3, qui donnent le plan par terre de la petite machine, son élévation vue de flanc et vue par derrière ; chacune des roulettes des autres systèmes est remplacée par un couple de roulettes coniques placées l'une devant l'autre, avec leur axe dans le même plan horizontal et qui, par cette disposition, font gorge en se contrariant. Ce système diminue les chances d'échauffement, en divisant le poids ; il ne provoque pas tant de déperdition de forces qu'une gorge simple et donne des résultats d'équilibres supérieurs.

Dans ce système, et par les avis de M. Boisson, nous avons été amené à remplacer le système des coussins latéraux, le propre des patins à rails creux, par deux roulettes horizontales placées aux deux extrémités de la petite machine. Ces roulettes, dont les figures citées indiquent parfaitement le volume, la forme et la disposition, contiennent d'après une pensée qui nous est propre, un ressort en spirale qui les fait ressembler à un barillet de montre. Les résistances progressives que peut fournir l'enroulement de ce ressort, sont destinées à graduer le frottement dans les arrêts ; tandis que, d'ailleurs, la présence de ces roulettes ne complique d'aucune difficulté la prise d'appui, ainsi que nous le verrons.

Au-dessous de ces roulettes sont les sous-coussins construits sur les mêmes principes que ceux du patin à rails saillants, ayant exactement le même usage ; la fig. 2 en montre les deux profils et l'attache au brancard des roulettes ; dans le plan par terre, leur contour est tracé par une ligne que l'on voit dans la circonférence ombrée des roulettes transversales.

Pour répondre à ces divers organes, l'ornière présente une double série de stries transversales, constituant chacune une bande de bois longitudinalement creusée en tuile, clouée sur une des deux faces internes des longrines qui forment la charpente de l'ornière, et qui s'avance de chaque côté vers le rail médian, sans toutefois compléter la gouttière comme dans le système creux. La fig. 17 fera très-bien comprendre cette disposition.

Ces stries sont destinées à s'offrir naturellement au frottement indispensable à la prise d'appui et à l'arrêt. Une disposition inverse, plus simple, pourrait prévaloir au besoin ; elle consiste en ce que les organes affectés à ces deux fonctions sont rendus rapeux, tandis que la bande reste elle-même unie et privée de ses stries.

Théorie des trois modes nouveaux.

Par les détails sommaires que nous venons de donner, rien n'est plus facile que de comprendre la théorie de ces trois modes de patinage nouveaux, surtout si l'on s'aide pour cela des fig. 4, 5 et 17.

Système creux. — Pour obtenir l'effet important de la prise d'appui, il suffit d'*un mouvement* se décomposant en *deux temps*, l'un de *torsion*, l'autre de *bascule*.

Par le premier, ainsi que le montrent les traces du patin, dans la fig. 5, le parallélisme de l'axe du pied, avec celui de l'ornière, est rompu; et cela est facile, les roulettes glissant sur le fer, par le point de contact de la roulette avec le rail; les deux coussins s'appliquent, à frottement énergique, l'antérieur contre la bande externe, le postérieur contre la bande interne des stries de l'ornière.

Par le second temps, combiné avec celui de torsion, la pointe du pied, garnie de son sous-coussin, en vertu d'un mouvement de bascule de cet organe en avant vient presser le fond de l'ornière, et trouver un surcroît de résistance. Dans le système creux, l'arrêt s'obtient également par cette torsion d'un ou de deux pieds simultanément, chacun dans son ornière, et, avec cela, par un mouvement de bascule des pieds en arrière, de telle sorte que les sous-coussins postérieurs viennent au contact du fond de cette même ornière; la volonté, jointe à l'habileté pratique du patineur, gradue seule ces résistances, par la *bonne dispensation* de l'effort musculaire.

Système saillant. — Ici, comme pour le cas précédent, le mouvement de prise d'appui se divise en deux temps : torsion et bascule en avant. Dans le premier temps, comme les traces théoriques du patin nous le montrent dans la fig. 4, la gorge des roulettes mord par la torsion, avec les stries de sa gorge, celle des faces latérales du rail saillant. Par la bascule du pied en avant, le sous-coussin antérieur vient embrasser le rail et rencontrer une résistance qui suffirait presque à elle seule.

Pour l'arrêt, on l'obtient par un procédé analogue à celui décrit plus haut, les deux pieds, en se tordant chacun sur son rail pour mordre simultanément, basculent en arrière et ramènent au contact du rail les sous-coussins placés sous le talon ; c'est pour le même objet à peu près la même manœuvre que sur la glace.

Système mixte. — Le système mixte que nous adoptons, résume en lui les avantages des deux précédents, en raison même de la conformation mécanique du patin qui lui est propre.

Ce dernier, comme nous le verrons plus tard, outre qu'il est galoché, et qu'il utilise par conséquent le mouvement du pied, est disposé de telle sorte que le brancard qui rassemble les roulettes et auquel sont fixés les sous-coussins, peut *pivoter selon un plan horizontal,* et d'une manière restreinte, sous le fût qui, lui, porte, avec le système des ligatures, celui des roulettes transversales. Ce pivotement, qui détruit le parallélisme de ces deux parties constituantes du patin, se manifeste par l'effort de torsion du pied, le brancard étant fixe, et est neutralisé par un ressort à boudins, qui fait tout rentrer dans l'ordre quand l'effort de torsion cesse.

Le pied reposant sur le rail, par l'intermédiaire de la gorge angulaire (constituée par les quatre roulettes coniques), si l'on tord le pied en le faisant basculer en avant, ainsi que dans le système creux, l'on obtient, comme cela se comprend facilement par l'inspection de la fig. 17; premièrement, *un effet de morsure*, par cette espèce de gorge, tout à fait comparable à celui qui a lieu dans le système saillant; il est efficace en raison de la force du ressort à boudin qui fait obstacle. Deuxièmement, une pression latérale et de haut en bas avec l'extrémité antérieure du pied contre les stries, au moyen des *coussins-roulettes*, lesquels par le pivotement du pied sur le brancard sont mis dans la position qui convient aux *coussins latéraux* du patin, dans le système creux. Troisièmement enfin, le *sous-coussin antérieur*, par le même mouvement, vient embrasser le rail à patin, et trouve ainsi une résistance très-importante pour la prise d'appui.

Quant à l'*arrêt*, il s'obtient les deux pieds reposant chacun sur son rail, par leur torsion simultanée en dehors et leur bascule en arrière. Les coussins-roulettes, par le frottement contre les stries, enroulent leur ressort interne et graduent, régularisent ainsi une résistance qui, mal ménagée, pourrait être défavorable à l'équilibre. La résistance qu'offrent les roulettes transversales aux stries, au commencement tout à fait nulle, augmente à mesure que le ressort s'enroule, et finit par être absolue quand le ressort est enroulé et qu'elles sont par conséquent fixes:

Le mouvement de bascule des pieds, en arrière, amène le

sous-coussin postérieur au contact du rail à patin, sur lequel il engendre encore une résistance. Ce mécanisme est entièrement l'analogue de celui du patin à glace. La morsure du rail, par la gorge des roulettes, a aussi son effet complet dans le mouvement pour arrêt. Cela est facile à concevoir.

Naturel du nouvel exercice.

Le mouvement invoqué pour la prise d'appui n'a rien que de fort naturel et que de très-physiologique; non-seulement ce dernier n'est pas le produit d'une rupture d'habitude organique que l'on ne pourrait obtenir que par une éducation plus ou moins laborieuse, mais encore il est un effet absolument nécessaire de l'élan qui doit charger le poids du corps sur l'autre membre, devenu bientôt colonne de support à base roulante, et avec cela imprimer au centre de gravité de cette masse la vitesse résultat de l'effort musculaire.

En portant son attention sur ce point capital de notre système, on verra que cette torsion, dont le nom a pu un moment effrayer, n'est autre, en définitive, que le *premier temps de l'élan*, et qu'il y a entre les deux identité à peu près absolue, l'un de ces mouvements ne pouvant se produire naturellement sans l'autre.

Observations sur les difficultés d'équilibre.

Par cet examen, que nous recommandons vivement, on s'apercevra combien l'on est porté à s'exagérer mal à propos les difficultés d'équilibre que semble entraîner ce nouveau mode de locomotion, et nous appelons l'attention du lecteur sur les propositions suivantes :

En se bornant à patiner en droite ligne, sur la glace ou sur le parquet, les difficultés d'équilibre sont moindres que dans les récréations curvilignes.

Dans les systèmes de patinage connus, le danger, mise de côté la question de prise d'appui, est en *raison directe des aspérités et élasticités irrégulières* de la surface.

La base roulante d'équilibre est circonscrite par quatre

points dont l'éloignement et l'alternation font toucher au doigt la supériorité acquise sur ce point au nouveau système. Il y a loin de cette base à celle constituée par la simple cannelure du patin à glace.

Reposant sur la voie, le patineur ne peut exclusivement s'échapper qu'en deux sens, et sur la même ligne, en avant ou en arrière; il n'en est pas absolument ainsi sur la glace ou sur la scène, ce qui constitue sur ce dernier mode une supériorité en matière d'équilibre, on le conçoit.

Le roulement des quatre points qui constituent la base, du moment qu'il a lieu sur une surface unie, au moyen d'une roulette unie, n'est en rien inférieur au glissement proprement dit sur une surface unie qui aurait l'étendue qu'ils circonscrivent. Toute la différence est que le même effort produit beaucoup plus d'effet locomoteur dans le premier cas que dans le second.

La résistance de l'air et le poids du patin sont des éléments d'équilibre, bien loin d'être des causes d'instabilité.

Dans la gymnastique, il n'y a pas d'acte plus simple et plus facile que celui de patiner, et l'emploi nouveau que nous lui donnons ne le châtre d'aucun de ses avantages.

Enfin y aurait-il un grand mal à ce que la jouissance des priviléges auxquels le système nous convie, fût au prix d'un exercice préalable, facilité par des leçons même? Aucun exercice d'agrément pur, natation, danse, escrime, ne coûtera jamais moins de peine que notre patiner.

Toutes ces observations réunies à la sécurité que le système tire de son mode spécial de prise d'appui et d'arrêt, ne suffisent-elles pas à rassurer les esprits les plus timides?

Ressources externes d'équilibre.

Nous avions, dans le principe, songé à établir, au moins provisoirement, un garde-fou le long d'un côté de la voie; il devait servir à la fois au maintien de l'équilibre et à l'utilisation de la force des bras, nous y renonçons. Ce dernier but est atteint et au delà par le bâton ferré de voyage, qui trouve sur la longrine formant l'intervalle de deux ornières un moyen parfait de se rendre utile, à la manière du bâton des patineurs sur la glace. On sait que les patineurs des pays du nord trouvent, dans ce simple organe, un moyen d'utiliser la force des bras en le fixant de temps en temps, et par la pointe sur la glace, entre leurs jambes, et en faisant effort sur cette colonne au moyen des bras. Ne servant pas ou se reposant de cet usage, le bâton, du reste véritable bâton de touriste, ferait, entre les mains du patineur, l'office de balancier, et, en cas de mise en danger de l'équilibre, il serait à même de protéger le patineur contre la plupart des accidents qui peuvent être raisonnablement redoutés.

Dans le principe, et pour se familiariser avec ce nouvel exercice, on pourrait également se servir avec beaucoup d'avantage, d'un *tuteur roulant*, dont le principe de construction rappelle ceux dans lesquels, chez les gens de la campagne, on emprisonne les enfants qui commencent à marcher; mais il est une machine plus simple, à laquelle nous croyons un véritable avenir dans le système, et à laquelle nous donnons une grande importance de transition; simplification de la précédente, elle consiste purement et simplement en un appui roulant que le patineur doit pousser devant lui.

La fig. 8 nous montre sa forme générale. Vue de profil, c'est une sorte de béquille trifurquée à son extrémité inférieure, et reposant sur trois des rails de la voie au moyen de trois roulettes. Son poids est peu de chose, et elle peut en se pliant se réduire de volume. Par son usage, les chutes latérales (elles n'ont, du reste, pas grande chance de se produire) deviennent impossibles, et les chutes postérieures, dont la fréquence serait également restreinte, se convertissent toutes au moment du danger en chutes *antérieures*.

Pour les chutes antérieures, voici comment elle les prévient; l'équilibre rompu, le poids du corps se porte naturellement en avant sur la petite machine. Alors, par l'effort de cette pression et l'effet d'un mécanisme facile à concevoir, les petits sabots que montre la fig. 8 tombent, et l'appui ne roule plus sur ses pieds; il frotte, et offre par là une résistance bien suffisante pour le rétablissement d'un équilibre compromis.

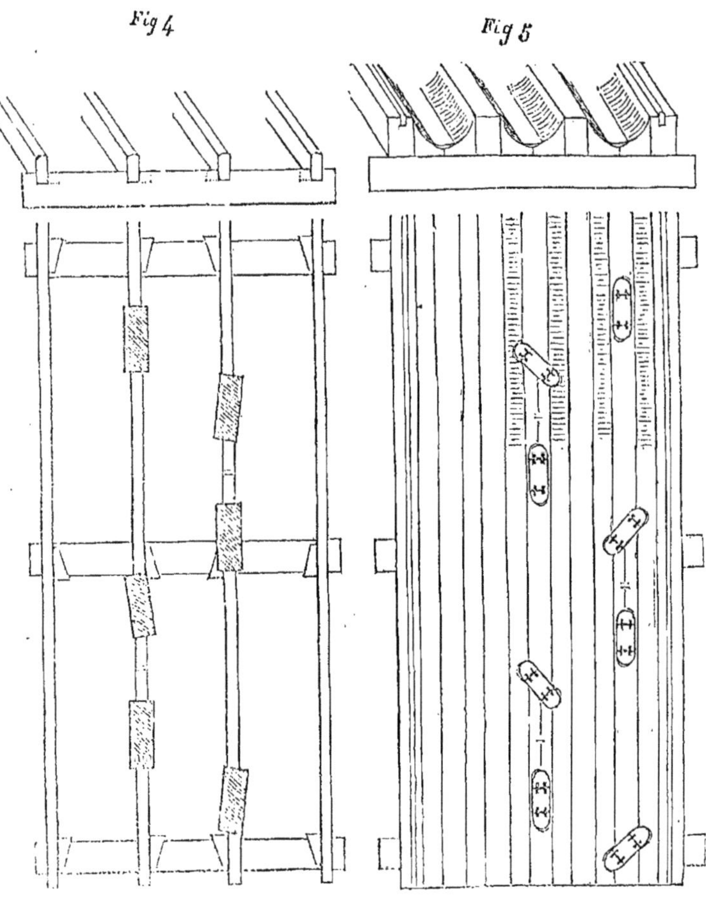
Fig 4
Fig 5

De la quantité de force à notre disposition.

Ces problèmes résolus, aurons-nous à notre disposition une force suffisante pour obtenir la vitesse que comporte l'idée philosophique sur laquelle est construit le système ?

Sur cette question nous sommes en mesure de donner toute satisfaction aux esprits les plus sévères et les plus rigoureux ; elle fut, dès l'abord et pendant longtemps, l'objet principal de nos recherches. Quand le temps sera venu, nous communiquerons les résultats détaillés de nos travaux sur la force humaine en général et sur la marche en particulier.

En calculant directement, au moyen d'une méthode de la plus grande simplicité, la force effective que dépense l'acte de la marche chez l'homme, nous avons trouvé qu'elle était de *huit kilogrammètres,* cet effort pouvant être maintenu *dix heures par jour* sur les routes ordinaires.

Cette expression kilogrammétrique a été obtenue en supposant que cette marche s'effectue en terrain horizontal ; or, on le sait, l'horizontalité n'est pas absolument le fait des routes ordinaires, et quand il s'agit de la marche, les pentes ne peuvent, dans tous les cas, compenser les rampes. Dans une *pente-rampe* de 10 pour 100, l'effort marcheur effectif est bien au moins réduit de moitié dans ses résultats, ce qui fait que l'expression *huit kilogrammètres* est sensiblement au-dessous de la vérité ; toujours en nous basant sur les expériences des auteurs qui font foi dans la matière.

Longueur et limites de toute course individuelle.

Nous avons montré que les chemins à roulettes étaient, à proprement parler, le système capillaire de la circulation sociale, c'est-à-dire, en d'autres termes, le trait d'union entre le mouvement collectif des gros troncs (astériels ou veineux) et le mouvement intime de nutrition, d'assimilation ; ce dernier étant l'analogue du mouvement intime, industriel ou domestique, qui se fait autour des habitations, (dans le village ou quartier), ou dans leur intérieur (travail de ménage ou d'atelier) ; or, ce trait d'union n'a pas une longueur irrégulière, indéterminée, bien loin de là. — Quand le réseau des gros troncs sera parachevé, c'est-à-dire, quand les chemins de fer fonctionneront, dans la plénitude de leur destinée, on doit estimer, qu'en moyenne, le rayon de leurs mailles n'arrivera pas à une longueur de plus de huit lieues ; la *course-type*, en chemins à roulettes, ne peut donc avoir plus de *huit lieues*, puisqu'elle consiste à aller rejoindre la *voie collective*.

Que le lecteur fixe son attention sur ce point, et note ce premier résultat.

Il est, d'ailleurs, une loi qui se déduit facilement des études philosophiques sur la question. Pendant que, pour les chemins de fer, *plus les courses sont longues* et plus la *vitesse moyenne s'accroît ;* pour les chemins à roulettes, au contraire, qui, eux, n'emploient guère que les *forces vivantes*, plus la *course est petite*, plus la *vitesse moyenne* augmente. Or, précisément, les deux systèmes, nés l'un pour l'autre et de même constitution, *se nouent* au point précis où ils n'auraient qu'à perdre en voulant empiéter sur le domaine l'un de l'autre ; et ce point précis est le même que celui déterminé plus haut par des études directes de géographie statistique. Toute course en chemin à roulettes ne peut donc *dépasser que par exception*, confirmative de la règle, la longueur maximum de huit lieues.

De l'effort intermédiaire.

Continuons : Dans les êtres animés la volonté peut condenser ou raréfier l'action motrice.

Les mécaniciens dans leurs études sur les locomobiles vivantes, ont appelé *effort relatif* le mode d'action continué, qui, dans la journée, pour un même acte, donne le plus d'effet utile. L'*effort absolu* est pour eux le mode d'action, qui, en un moment donné, produit, pour un même acte, le plus d'effet utile.

Ils ont trouvé que *l'effort relatif* est à *l'effort absolu*, pour un même acte, et sous le rapport de l'effet produit, en un moment donné comme 1 est à 4 ou 5.

Nous n'avons invoqué, pous l'usage de la locomotion, ni l'un ni l'autre de ces efforts; le premier ne tenant pas compte de la devise de nos temps: «Time is money;» le second n'étant pas pratique. Balançant les déperditions de force, par celles de temps, nous avons adopté un *effort intermédiaire*, auquel nous avons fixé ce nom, et que nous avons pris entre les deux précédents. Il est constitué par l'effort marcheur, qui peut être continué pendant 3/4 d'heure sans fatigue excessive; cet effort pouvant se reproduire deux fois, dans la journée. En faisant, par nos calculs et l'autorité des auteurs qui nous ont précédé, l'effort *intermédiaire deux fois et demie* plus puissant que *l'effort relatif*, nous avons à peu de chose près le pas gymnastique des tirailleurs de Vincennes. Notre idée peut donc compter, pour ses besoins naturels, sur une force de 20 kilogrammètres.

De l'alternation des actes musculaires.

L'alternation des actes musculaires étant un moyen de délassement, il arrivera que dans les cas, relativement rares, où l'effort devra être soutenu pendant plus de 3/4 d'heure, le voyageur sera amené à invoquer le mode mineur de la locomotion, c'est-à-dire les mécanismes utilisateurs des *sources* de la force humaine autres que la marche.

C'est dans ces cas que ces derniers s'élèvent à l'égal du patin, se rendent indispensables et s'imposent à nous, non pas seulement par un agrément spécial, mais par de vrais et palpables services.

Habitude, éducation, hérédité.

Ajoutez aux 20 kilogrammètres les produits ou bonifications, résultant de l'usage, de l'éducation et bientôt de l'hérédité, faits absolument nécessaires, et vous aurez un chiffre qui aura lieu de surprendre, si on le compare avec le misérable parti que nous tirons actuellement de notre force marcheuse.

Résistances opposées par la voie.

En considérant le piéton comme un wagon, du poids moyen de 65 kilogrammes, entraîné avec une force de 25 kilogrammètres, sur un chemin de fer et au moyen d'un roulement bien établi, voici pour ces divers cas quelle vitesse il obtiendrait, en négligeant, bien entendu, les résistances de l'air :

Horizontale : 70 lieues à l'heure ;

Rampe de un pour cent : 20 lieues à l'heure ;

Rampe de trois pour cent : près de 8 lieues à l'heure ;

Rampe de cinq pour cent : 5 lieues à l'heure.

Ces résultats seraient sensiblement moindres, si, au lieu de la supposer entraînée comme un wagon, cette masse avait à se mouvoir, avec la même force, mais en vertu de *l'adhérence de ses propres roues ;* le lecteur voudra bien noter cette distinction.

Résistances opposées par l'air.

Tels seraient les effets de vitesse obtenus et cela résulte évidemment de la théorie du patinage nouveau, si l'on n'avait pas à compter avec un ennemi aussi puissant que la résistance de l'air. Cette résistance est passive, quand cet élément est calme ; elle est active quand elle s'agite en un vent. En faisant la surface de la plus grande section transversale du patineur à $0^{m},465$, on aurait au milieu du calme atmosphérique :

Pour une vitesse de 2 lieues à l'heure (vent frais), $0^{k},230$;

Pour une vitesse de 6 lieues à l'heure (vent bon frais), $2^{k},670$;

Pour une vitesse de 12 lieues à l'heure (vent impétueux), $10^{k},680$.

D'après ces nombres, on voit de quelle importance capitale est l'étude de ces résistances ; on voit avec quel soin chacun, dans la pratique, devra s'étudier à les éluder en diminuant autant qu'il le pourra la plus grande section transversale, puis en inclinant cette section contre le vent, de manière à obtenir un allégement de son poids, par l'office *coin actif* que fera, dès lors, ce fluide; c'est par là que les *adroits marcheurs* pourront arriver aux résultats obtenus par les *forts marcheurs*.

Nous avons supposé l'air calme, mais souvent il est agité dans un sens ou dans un autre. Cette agitation, le plus généralement faible, ne dépassant pas le vent de deux lieues, ne peut avoir d'effets notables sur les résultats moyens de la locomotion, quand on considère surtout que généralement et à de légères différences près, elle a autant de chance d'être favorable que contraire au piéton.

En dehors de ces obstacles mécaniques, l'air présente au voyageur des obstacles de nature physiologique tout aussi insurmontables que les précédents. Quiconque a voyagé par un grand vent de bout, ou en train express, a pu expérimenter le fait : la respiration, dans ces cas, devient gênée, et au bout d'un certain temps presque impossible; la vitesse de la colonne de l'air ennuie et dispose à des syncopes. (Voir pour les cas extrêmes ce qui se passe dans le train de la malle de l'Inde, malgré toutes les précautions.)

Mais si cette pression, avec laquelle le poumon reçoit l'air, est nuisible dans les extrêmes vitesses, elle est facile, agréable et utile même pour certaines natures, puisqu'elle constitue un véritable *bain d'air comprimé* quand elle ne va pas au delà de la vitesse d'un bon vent. Remarquez encore que par elle-même la résistance de l'air augmente les conditions d'équilibre, tant qu'elle n'est pas poussée jusqu'à produire l'*étourdissement*, par la gêne respiratoire combinée avec le *vertige*, produit par l'oscillation du globe oculaire; et que ces derniers inconvénients sont de nature à être singulièrement atténués par l'éducation.

Parmi les moyens combinés que met en œuvre notre solution du grand problème de la locomotion individuelle, il y a lieu d'établir une division, dont la légitimité sera bientôt reconnue par le lecteur. Nous distinguons parmi ces moyens : ceux du *mode majeur*, constitués par le patinage et tout ce qui se rattache à cet acte; il vient d'en être exclusivement question; ceux du *mode mineur*, qui sont réunis en un faisceau naturel par la partie de la voie qui leur est propre ; à savoir, les deux rails saillants longitudinalement encastrés dans les longrines externes.

Enfin ceux dont le nombre est, pour le moment, restreint au *vélocipède*, et qui peuvent indifféremment se servir des rails du mode majeur et de ceux du mode mineur, et se prêter comme ceux du mode majeur au croisement du patineur sur une voie unique ; nous avons appelé ce mode, *mode neutre* ou *de transition*.

Le lecteur connaît déjà la voie du mode mineur ; il convient maintenant de dire en quoi consiste les nombreux mécanismes qu'elle appelle, et qui du reste se symbolisent tous dans *le chariot* dont ils porteront le nom générique. Pour l'étude nous les divisons en trois grandes catégories :

Les chariots *automoteurs*, qui se meuvent par la force même du voyageur et par l'intermédiaire d'un acte physiologique de la machine humaine ;

Les chariots *hétéromoteurs*, qui puisent la force qui les anime en dehors du voyageur ; que cette force soit *interne*, ou *externe*, par rapport au chariot.

Enfin, les chariots mixtes, à la fois automoteurs ou hétéromoteurs.

Chariots automoteurs.

Le principe constitutif des chariots automoteurs se prête à la plus grande variété de construction. Tous les actes physiologiques, toutes leurs variétés, toutes leurs combinaisons, toutes les aptitudes et besoins particuliers de l'individu, ont ou peuvent avoir un mécanisme spécial ; l'expérience et l'usage seuls en limiteront le nombre ; avec cela ajoutez que le chariot peut porter plusieurs voyageurs, un seul où tous peuvent prendre part à la génération du mouvement.

Nous n'entreprendrons pas de décrire ici toutes les inventions que notre système *ressuscite*, ou toutes les idées que l'analyse approfondie de la question, a pu nous suggérer : ce serait un travail parfaitement inutile, le lecteur suppléant naturellement à ce qui pourrait être fâcheux dans notre omission.

Actes de ramer.

Mais il est un point que nous devons dégager et mettre en saillie en raison de l'importance qu'il devra acquérir dans le système.

A nous appartient exclusivement, avec l'idée de l'application du *patiner,* celle de l'application de *l'acte du ramer*, à la solution du grand problème. A cet acte, le plus puissant de la machine humaine, peuvent correspondre trois espèces de machines *utilisatrices de sa force,* sans compter les variétés en lesquelles chacune peut se décomposer; il y aura des chariots à rame, dans lesquels la rame prendra sa prise d'appui sur le chariot lui-même, qui se mouvra de la sorte comme une locomotive par l'adhérence de ces roues sur la voie.

Cette espèce-là a été spécialement étudiée par nous et nous en donnerons la figure dès que la planche sera terminée; cette dernière nous dispensera de toute description fastidieuse.

Il y aura ou pourra y avoir des chariots à rames (ou à perches), dans lesquelles la prise d'appui aura lieu *sur le sol,* bien entendu en dehors de la voie.

Il y en aura, enfin, dans lesquels la prise d'appui se fera *sur la voie même,* au moyen d'un système de rames-leviers articulées ou brisées. Par la destination nouvelle qui lui est offerte, l'acte de ramer n'est en aucune manière modifié, et ne perdra pas un seul de ses avantages dynamiques; n'était même le surcroît nécessaire de poids et des résistances que l'air peut opposer à la machine chargée du voyageur, on pourrait, croyons-nous, compter sur une vitesse en principe égale à celle que peut donner le patin.

Chariots hétéromoteurs.

Dans ces chariots, qui se meuvent par une force étrang èr à l'homme, le moteur peut être interne ou externe; on comprend que, par exception toutefois, le système ait à accepter le service de quelque moteur lilliputien, et qu'il puisse même faire appel à l'*air comprimé* qui n'est qu'un ressort monté en définitive. Quant aux moteurs externes, ils trouvent ici, de quelque manière qu'ils soient appelés à agir, toute l'importance qui leur est réservée dans le système général.

Ces moteurs, qu'ils aient à traîner l'homme ou des marchandises individuelles, se recrutent essentiellement parmi ceux dont les services sont économiques, faciles et susceptibles de se trouver à la portée de chacun. Ces moteurs se divisent naturellement en moteurs vivants et physiques.

Les premiers agiront sur les chariots par le halage, au moyen d'un sentier réservé à cet effet tout le long de la voie. La question de leur application est, pour nous, vide en principe ; mais jusqu'à des expériences pratiques on ne peut rien arrêter. En dehors des offices de l'homme qui peut, lui, pousser ou tirer un chariot en patinant, comme cela arrive pour les traîneaux dans les récréations sur la glace ; ou encore, très-exceptionnellement, tirer par le halage, la locomotion nouvelle peut compter sur le service :

1° Des animaux conquis dans chaque pays : le cheval, le mulet, l'âne, l'éléphant, le mahara, qui fait jusqu'à 70 lieues par jour, dans le désert, le renne, etc., etc. ; 2° les animaux conquis en tous pays, mais qui n'ont pas été ou qui n'ont été que par exception utilisés, pour quelques usages analogues ; le chien, la chèvre, l'autruche, le lama, l'alpaga, etc. ; 3° les animaux acclimatés ou non, mais dont le caractère ou la faiblesse n'avaient pas permis d'utiliser la vélocité marcheuse. — Le système nous les conquiert immédiatement par le faible effort qu'il exige, et par le mode d'attelage et de tractions qu'il offre. Dès à présent nous pouvons compter sur le concours du zèbre, de l'onagre, de l'hémione, du couagga, du daw, etc., etc.

Comme on le voit, l'utile dans ces combinaisons se mêle singulièrement à l'agréable ; tous ces petits animaux si intéressants, si beaux, jusqu'ici de luxe pur et dont quelques-uns suivent l'homme à titre de défenseur et de compagnon, sont mis en position de rendre à l'homme, presque sans fatigue, un des services les plus précieux.

Les moteurs physiques, sur lesquels les chariots hétéromoteurs ont le droit de compter, sont le vent, par l'intermédiaire des petites voiles et les chutes d'eau, dans certains cas spéciaux et exceptionnels, dont il sera question plus loin.

Les chariots mixtes sont ceux dans lesquels les moyens automoteurs se combineront avec les hétéromoteurs. La locomotion nouvelle, par principe, ouvre les bras à tous les moyens, à toutes les combinaisons, qui en se moulant pour ainsi dire sur le moteur, prêtent indistinctement leurs concours à toutes ses qualités, quelques spéciales et exceptionnels qu'elles soient.

Régularisations des vitesses circulatoires.

Des deux propriétés fondamentales du système : l'*augmentation* et la *régularisation des vitesses circulatoires* au sein des nations, la dernière, dont nous n'avons pas encore parlé, d'une manière particulière, est, peut-être, la plus importante. Qu'il nous soit permis de fixer l'attention du lecteur sur ce point au moyen des propositions suivantes qui découlent très-nettement de ce qui précède.

La création des chemins de fer vicinaux augmente par contre coup la vitesse moyenne des chemins de fer ordinaires, en éloignant de plus en plus les stations de ces derniers; elle établit avec cela un juste rapport de vitesse contre le mouvement qui doit exister *au sein des parenchymes*, et celui qui est propre *aux gros vaisseaux*.

Pendant que pour les modes supérieurs de la locomotion collective, plus les courses sont longues plus elles sont rapides et avantageuses pour la locomotion individuelle, nous remarquons justement l'inverse. Il résulte de là que les deux systèmes se soudent harmonieusement en un point fixé, en deçà et au delà duquel ils seront également lésés, et que, par ces deux progressions contraires, la vitesse circulatoire générale se maintient et ne tombe jamais au-dessous d'un taux régulier. Or, d'ailleurs, cette même vitesse est telle que les obstacles physiques et physiologiques opposés par l'air ne permettraient pas de la dépasser. Ajoutez que la force locomotrice, qu'en raison des obstacles de l'air, l'homme est forcé de tenir en réserve, lui sert à gravir des rampes d'une petite inclinaison, mais suffisantes en pratique et dans la majorité du cas, avec une vitesse presque égale à celle obtenue sur l'horizontale.

Ajoutez que l'effort intermédiaire suffit amplement à obtenir ces résultats de vitesse, et que les besoins de locomotion individuelle ne sont pas *indéfinis*, comme ceux de la locomotion collective, mais bien restreints, ainsi que nous l'avons déjà vu.

Mais ce n'est point tout encore, il fallait que tous les corps admis à se mouvoir sur le système, au point de vue de la vitesse, tendissent vers *l'égalité* d'une manière très-sensible. Les marchandises jouiront de la vitesse des messageries, elles seront mues au *grand trot*, et bénéficieront, jusqu'à un certain point, du plan incliné ; car il est de loi générale que, dans les échanges, les plus gros fardeaux constitués par la *matière première* aient à descendre. Les mineurs, femmes, adolescents, hommes sur le retour de l'âge, moins puissants que l'adulte, soit qu'ils offrent un moindre obstacle à l'air, soit qu'ils se fatiguent un peu plus pourront, facilement et assez régulièrement, obtenir la limite de vitesse générale.

Dans tous les cas, le secours du mode mineur est là. Nous avons dit, quelque part, que le système affectait sans distinction toute âme qui vit du même coefficient de vitesse; notre expression n'a pas été exacte, il y a inégalité, et cette inégalité est justement au profit des faibles et impotents, grâce aux bons offices du mode mineur qui les rend au mouvement, en utilisant merveilleusement ce qui pouvait leur rester de force, réduite jusqu'ici à une impuissance plus ou moins complète.

Enseignements de l'analogie.

Les vérités qui précèdent ont coulé limpides et dans un admirable enchaînement sous la pesanteur de la logique. Voyons

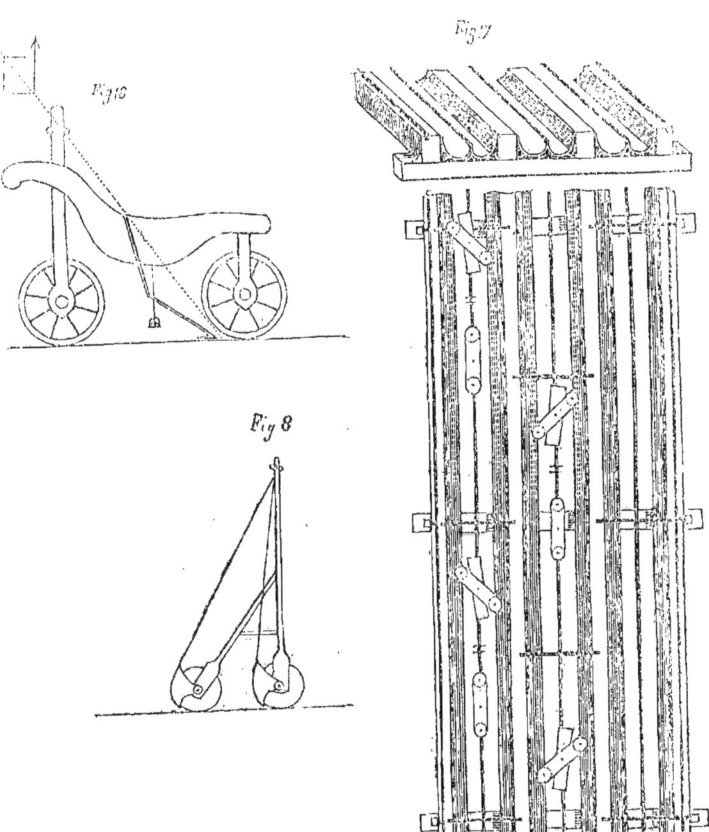

BOISSON

brièvement, en un coup d'œil, quels enseignements l'analogie mettait à notre portée.

Il est certain que le patin à glace hollandais (sans cannelure) et les skies des Lapons donnent en résultats locomoteurs, chez les peuples qui pratiquent le patiner dans un but d'utilité une moyenne de six lieues à l'heure; cet exercice pouvant durer plusieurs heures de suite, et pendant six heures dans une seule journée.

Ces faits ne surprendront pas les amateurs des pays chauds, s'ils tiennent bon compte de toutes les causes de leur infériorité réelle.

Ils pratiquent, eux, pendant une saison très-courte et à de longs mois d'intervalle;

Leur but s'éloigne entièrement de l'utilité directe;

Patinant sur des aires restreintes, et avec, pour idéal, *de décrire des courbes gracieuses, de dessiner des lettres ou des fleurs*, ils ne peuvent avoir une idée de la puissance du patiner en ligne directe, quand ce dernier se pose pour but des distances à franchir.

Il ne peut également y avoir parité entre les résultats de cet exercice sur une aire glacée, plus ou moins unie et dure et mille fois tailladée en sens divers, par le trafic d'un nombre exagéré de patineurs, et ceux obtenus dans les conditions faites aux peuples dont nous avons parlé. Un de nos amis, homme sérieux en tout digne de foi, grand patineur dans son jeune âge, à plusieurs reprises nous a affirmé avoir traversé le lac de Nantua dans le sens de sa longueur, qui est d'environ deux kilomètres, *en deux minutes*. Il avait treize ans alors, le vent n'était pas défavorable et le lac tranquille s'était pris en une seule nuit; il se servait du patin à cannelure. Maintenant, qu'on tienne compte de tous les avantages du *roulement sur fer* sur le *traînement sur glace*.

Toutes les personnes qui connaissent le patin à roulettes, et en particulier M. Justamant, l'habile directeur du ballet de Lyon, prétendent que la vitesse qu'il peut donner soit sur le bitume, soit sur une surface rugeuse et compressible, soit sur le parquet, surface surtout élastique, n'est pas moins de quatre lieues à l'heure; cet exercice n'étant pas sans fatigue, toutefois. Multipliez cette vitesse par 20, chiffre d'un rapport qui est loin d'être exagéré en raison de la nature des surfaces et du petit diamètre des roulettes et vous aurez en puissance une vitesse de quatre-vingt lieues à l'heure.

Un homme ingénieux et adroit, M. Bresson, ouvrier plongeur de son état, demeurant à Lyon, a construit un patin destiné à se mouvoir sur les routes. Avec cette machine, dont les roulettes ont 25 centimètres de diamètre (les deux pèsent 6 kilogrammes), l'inventeur, lui-même a obtenu, sans beaucoup d'exercice, une vitesse moyenne de près de quatre lieues à l'heure, et cela dans les rues et sur les boulevards de Lyon.

Si les roulettes ont ici plus de diamètre, le sol, en revanche, offre plus de résistance, et pour avoir les renseignements que nous cherchons, nous sommes autorisés à multiplier cette vitesse par le rapport qui vient de nous servir.

La seule de ces petites machines, qui, on peut le dire, ait eu jusqu'ici la vie dure, est le *vélocipède* que tout le monde connaît et dont nous avons donné, dans un intérêt philosophique, la représentation théorique à la fig. 16. Cette machine qui se meut par la force extensive du membre inférieur, prenant son point d'appui sur le sol, mais le tout ayant lieu dans des conditions assez défavorables, donne, à ce qu'il paraît, une vitesse de deux lieues et demie par heure à condition que l'effet ne soit par trop longtemps continué.

Que deviendrait cette vitesse si la machine roulait sur un rail de fer ?

Et le barotrope de M. Salicis, dont l'annonce et le succès vient nous interrompre au milieu de nos travaux et nous prêter main forte, en donnant des résultats pratiques parfaitement prévus pour quiconque, pénétré de l'importance de ces questions, leur a donné l'étude qu'elles méritent !

Supposez-le placé sur un chemin de fer, après avoir subi les simplifications que ce dernier peut lui permettre et voyez ce que deviennent *ses quatre lieues à l'heure,* sans fatigue, et pouvant se continuer pendant *une demi-journée*...

Du prix de revient.

Une des principales conditions, pour ne pas dire la principale, posée à la solution du problème, c'était le *bon marché*. Il fallait, et cela de toute nécessité, que la construction du réseau-capillaire, dans son ensemble, fût compatible, non pas seulement avec la richesse publique actuelle, mais même avec les ressources exiguës de la vicinalité.

Il fallait que chaque région fût, à elle seule, ou par exception seulement, aidée d'une autre, en position de créer, sous peu d'années, son réseau complet.

Voici quelques chiffres sommaires qui permettront au lecteur de juger si, sur ce point, la question est résolue :

D'après les auteurs compétents le développement de l'ensemble des communications vicinales (ou communales), de grande exploitation et rurales de premier ordre, ne s'élève pas, en France, à moins de *douze millions de kilomètres;* ce qui fait trois habitants par kilomètre, en admettant pour ce pays une population de trente six millions d'âmes.

Nous admettons que la construction des chemins à roulettes coûtera en moyenne vingt mille francs par kilomètre courant; à peu près le prix des chemins de grande communication et un quinzième de celui des chemins de fer. Ceci porte *le réseau complet des chemins de fer vicinaux* de France au prix de 240 milliards.

Il faudrait, en conséquence, pour que sa construction pût avoir lieu, que chaque Français pût disposer d'une somme de 6,666 fr., chose impossible, pour le moment; ceci n'a pas besoin de démonstration.

Mais, d'ailleurs, les frais de transport, par la viabilité actuelle, dévorent le 40 p. 0/0 de la production nationale, qui est d'environ 15 milliards, comme on sait, soit environ 6 milliards; en portant à moitié de cette somme seulement, les frais de transport, ou mieux de déplacement de l'*homme*, nous avons d'abord comme *frais de mouvement*, un premier chiffre de 9 milliards.

Mais, pour avoir le chiffre complet de ces frais, il faut

ajouter, à ce dernier, d'abord l'intérêt de la valeur qu'ils représentent, puis les frais d'entretien annuels, par prestation ou autrement, ce qui va à bien près d'un milliard. Mettons en tout 10 milliards. Or, par le réseau complet des chemins à roulettes, ce transport ne coûterait pas plus de dix pour cent, de la somme qu'aurait coûtée leur établissement; ce dernier chiffre représentant l'intérêt au 5 p. 0/0 des fonds engagés dans l'entreprise, les frais d'entretien, d'administration et les frais proportionnels restreints qu'ils appellent.

Ce qui naguère coûtait 10 milliards, par le système nouveau coûterait 24 milliards. Mais il ne faut point oublier que *la production d'un pays est en raison directe de la vitesse de son mouvement circulatoire*, et que l'augmentation de cette richesse est *indéfinie, inépuisable, comme la matière première qui en constitue le fonds,* du moment que l'échange s'y prête, par des facilités grandissant sans cesse.

On dit, et c'est un fait, que depuis la grande révolution la fortune publique, c'est-à-dire la production nationale, a triplé; nous croyons, nous, d'après nos études, que ce chiffre représente exactement le coefficient dont la vitesse circulatoire s'est enrichie depuis cette époque.

En étendant cette loi, et en en faisant une application basée sur la réalisation intégrale du système, qui *en moyenne* (marchandises et voyageurs) multiplie au moins par 4 la vitesse circulatoire générale actuelle, nous pourrions compter, pour le pays, sur un quadruplement très-prochain de la fortune publique.

Pour le système quels horizons! le pays offrirait donc au mouvement circulatoire au lieu de *quinze, soixante milliards de produits*. Ajoutons ces 60 milliards au 30 milliards pour la circulation des personnes, et au lieu de 24 milliards de recettes brutes, les chemins à roulettes en encaisseraient 90.

Ce qui veut dire qu'avec un avantage de précision et de vitesse quadruple, les frais seraient quatre fois moindres.

Ce qui veut dire encore, qu'en conservant ses avantages fondamentaux de précision et de vitesse quadruple, le *surplus des revenus bruts indispensables à leur existence*, amortirait le capital en moins de *quatre ans d'un plein fonctionnement;* ce qui fait, qu'après ces quatre ans, la circulation de ces 60 milliards de richesse publique, et de la multitude enrichie, ne coûteront plus que 12 milliards, à peine un peu plus que ce nous dépensons aujourd'hui.

Question d'avances.

Tout est donc, pour arriver aux fins splendides du système, dans la question de savoir quelle partie de l'épargne publique on peut *détourner* en faveur de sa réalisation.

Mais, d'abord, que nous le disions, la *puissance attractive* de cette immense entreprise, sur les capitaux, surtout sur les petits capitaux, qui font les *grandes richesses*, serait spécialement énorme, en raison des revenus à eux promis, et de la *fascination à distance rapprochée.*

Il n'est même pas douteux, pour nous, que cet entraînement fût momentanément funeste au reste de l'industrie, et que le gouvernement eût à prendre contre lui des mesures dépressives et régularisatrices.

Il nous importait donc de faire voir que loin de faire de l'absorption de la séve des autres branches de l'industrie, une condition nécessaire de leur existence, les chemins à roulettes pouvaient *littéralement*, et dans un temps relativement très-court *sortir du néant.*

Le travail d'établissement du système dans sa masse, n'exige aucun outillage nouveau, il peut être exécuté en entier par le pur travail de manœuvre et l'extension d'industries qui exigent peu d'apprentissage.

Avec cela, la matière première est ou *présente sur les lieux*, ou *indéfinie* dans sa production, et sa valeur est facilement convertible en actions sur l'entreprise, par une simple opération de comptabilité.

Admettons qu'approximativement la matière première et la main d'œuvre soient chacune pour moitié dans la somme de 240 milliards, on ne peut pas évaluer, croyons-nous, à moins de 4 milliards la perte annuelle par chômage, ou mauvaise distribution de travail en France. Ces 4 milliards perdus sans compensation pourraient être appliqués, dans leur intégralité, à la construction des chemins, et même, sans inconvénient social, se convertir directement en valeurs sur l'entreprise.

A ce compte le chômage de trente ans suffirait, pour qu'on vînt à bout de la réalisation intégrale; mais, en réalité, on y mettrait bien moins de temps. L'augmentation de la richesse politique, leur œuvre, dans notre calcul leur appartient, c'est incontestable.

Au bout de quinze ans, la moitié du réseau serait effectuée, et la meilleure, c'est-à-dire, les mailles de degré supérieur, celles devant produire au moins deux tiers du produit total.

La richesse publique, à ce moment, si nos calculs sont justes, serait pour le moins doublée, on le comprend. Or, ces 15 milliards, produits en sus dans une année, étant ajoutés aux 60 du chômage de quinze ans, nous aurions, vers la fin de la quinzième année une somme de 75 milliards de main d'œuvre engagés dans les chemins à roulettes, à savoir les 3/5 du réseau complet.

A ce chiffre, si l'on ajoute les bénéfices directs, en sus du 10 p. % de leur valeur, et l'*augmentation* de la richesse *régulièrement progressive*, depuis la 1re jusqu'à la 15e année, on voit que dans cet espace de temps le chiffre de 120 milliards serait singulièrement dépassé, ce qui nous permet de conclure, logiquement, la matière première ne faisant pas défaut, qu'en moins de quinze ans le réseau serait complet, et par lui, en moins de vingt ans, la fortune publique quadruplée.

Des très-heureuses propriétés de transition inhérentes au système.

Mais notre revue des conditions d'une solution intégrale du problème n'est point complète; il nous reste encore à mettre un point capital en évidence; nous voulons parler des merveilleuses propriétés de transition que porte avec lui le système. Que serait, en effet, l'ordre nouveau, laborieusement créé par nous, s'il ne se montrait d'un facile et plein abord pour le passé ; si leur soudure était impossible ou constituait un obstacle infranchissable.

Par l'examen, approfondi de l'ensemble de la question le lecteur verra biemôt et sans peine combien sont légitimes nos raisons de fonder spécialement sur les remarquables harmonies offertes en ce point par notre solution la bonne portion des convictions et espérances dont nous emplit ce brillant sujet, en effet :

Pour les inhabiles et les commençants ne peut-on pas diminuer indéfiniment le diamètre des roulettes?

N'avons-nous pas pour leurs premiers pas les appuis roulants de toutes formes?

Pour ceux qui ne pourront ou ne voudront se confier au mode majeur n'avons-nous pas le mode mineur tout entier, qui se moule sous toutes les volontés et capacités motrices?

Le système ne se prête-t-il pas à tous les trafics par sa voie simple ou double au besoin ; sa construction ne peut-elle pas, ses éléments fondamentaux restant les mêmes, le rapprocher indéfiniment, d'un côté de celui des chemins de fer, de l'autre, de celui des chemins d'exploitation, derniers linéaments de l'organisation qui lui est propre?

La distinction des mailles qu'il doit constituer en celles de premier, second et troisième degré, et leur réalisation dans l'ordre de numéros, n'est-elle pas par excellence favorable à la rapide adoption et propagation du système?

Puis, en ce qui concerne la réalisation de l'essai définitif, le goût vif qu'inspire généralement le patin, et la locomotion rapide, le choix du bois de Boulogne pour cet essai, ne sont-ils pas propres à nous faire espérer qu'il n'est pas loin de nous?

Peut-on douter que le gouvernement, et spécialement le chef de l'État, en raison du sérieux de nos études, en raison du plaisir spécial qu'il y peut prendre et des avantages d'agrément qu'il peut en tirer pour ce jardin qu'il fit le théâtre par excellence des récréations du monde civilisé, peut-on douter qu'il n'en permette et provoque même la réalisation si facile et si inoffensive pour les ombrages de ce dernier, ou les créations rivales qu'ils abritent?

En quel lieu du monde l'essai pourrait-il être plus définitif, plus concluant et plus efficace, dans le but qu'il poursuit ?

Comment ne trouverait-on pas une compagnie de réalisation, s'il pouvait être opéré sur ces bases et qui n'entrevoit les sources de bénéfices que ce grand jouet aurait à exploiter ?

Enfin qui ne voit que, l'échec eût-il lieu, le matériel peu dégradé représenterait encore une valeur de moitié de l'argent dépensé ?

Pour nous résumer, où pourrait-on trouver une solution qui mieux que la nôtre se fît *tout à tout, tout à tous*, fût plus progressive dans la dispensation de ses faveurs et se moulât mieux sur les circonstances; qui, enfin avec tout cela jouît de plus fortes attractions et de plus puissantes amorces, pour le contrebalancement efficace des résistances de la reine des inerties, de la Routine, avec laquelle il est écrit que toute idée nouvelle devra se mesurer pour la conquête de sa place au soleil.

FIN DE LA PREMIÈRE PARTIE.

DEUXIÈME PARTIE

LA QUESTION TECHNOLOGIQUE.

CHAPITRE PREMIER

ÉLÉMENTS NÉGATIFS DE LA SOLUTION.

§ I. — La voie courante.

La voie dont nous donnons une coupe dans notre étude d'Aoûste à Crest a une largeur totale de deux mètres, y compris les fossés. Elle est composée de la voie proprement dite, c'est-à-dire du système des rails, et d'un sentier empierré qui marche côte à côte avec lui et qui, pour l'écoulement des eaux, incline à droite, pendant que le sol sur lequel est établi le système incline à gauche. Ce sentier empierré n'est autre que le chemin de service et de halage destiné au passage des forces vivantes, chargées de la traction des chariots passifs. Comme dans les routes ordinaires, deux fossés bordent la voie générale, à moins, toutefois, que le système ne se soit fait le satellite d'une route, d'un chemin de fer, d'un canal, d'une digue, d'une rue, etc., etc.

Système des rails. — Rails des patineurs.

Le sol sur lequel repose le système des rails est ensablé afin de faciliter l'écoulement des eaux et de prévenir, par ce moyen, la production de la boue et de la poussière. Ce sol est coupé transversalement, tous les mètres, par des traverses de bois dur reposant sur un massif de maçonnerie, qui les élève un peu au-dessus de sa surface, et maintient leur face supérieure dans le même plan nivelé.

Elles ont une longueur de $1^m,10$ sur une coupe de 10 centimètres de côté.

Sur ces traverses sont fixées parallèlement à l'axe de la voie, et à $0^m,225$ de distance, quatre longrines écarries simplement à la scie, et revêtues d'une couche de peinture conservatrice. Placées de champ elles ont 5 cinq centimètres d'épaisseur sur 10 de hauteur (Voir la figure 1 qui en donne la coupe, et le figure 17 qui en donne le plan par terre, avec la vue perspective).

Ces longrines dont les deux externes sont solidement attachées aux traverses par deux coussinets en fonte (on peut en voir la forme et la disposition à la figure 1), sont, en outre, solidement reliées entre elles par des étriers de même matière, qui alternent et dont la forme est calculée, de manière à donner la plus grande solidité, en créant une solidarité dans toutes les parties du systeme (Voir les figures 1 et 17).

En dehors de cette fonction de consolidation ces étriers sont destinés à fixer dans l'axe de chacun des vides déterminés par les longrines, un rail en fer mi-rond de 3 cent. de diamètre ; ces trois rails constituent exclusivement la voie des patineurs ; on en remarque les dispositions aux figures 1, 2, 3, et 17.

Chaque rail a pour complément à droite et à gauche deux bandes de bois striées, évidées longitudinalement, chacune en quart de rond, et clouées sur les deux faces de chacune des trois ornières. On voit la coupe d'un de ces organes et son mode de fixation à la longrine vers la partie droite de la figure 2, en avant du patin. Chacun des vides déterminé par l'espacement des longrines, se trouve, de la sorte, converti en une gouttière incomplète par ses deux bandes striées et le rail mi-rond qui règne dans son axe.

Rails des chariots.

Les deux rails destinés spécialement au passage des chariots sont constitués par du fer méplat de 8 millimètres d'épaisseur, sur 3 centimètres de large. — Au nombre de deux seulement, ils constituent une voie simple et sont encastrés, longitudinalement, chacun dans une des longrines externes. Cet encastrement est, en outre, consolidé par des coussinets de distance en distance. On pourra se faire une idée de ces dispositions par l'examen des figures 1, 2, 3 et 17.

§ II. — **Difficultés ordinaires.**

Voie double et dédoublée.

Grâce à la présence des trois rails mi-ronds la voie est toujours *double* pour les patineurs ; ils peuvent se croiser dans le même sens, comme dans un sens opposé. Quant aux chariots, quoique dans la majorité des cas, une seule voie leur suffise, il arrivera souvent que pour un trafic exceptionnel, il en faille une d'aller et une de retour. Dans ce cas l'on n'aura qu'à élargir la voie générale d'un mètre seulement, afin qu'elle puisse recevoir une voie semblable à celles dont on se sert dans les grandes usines.

Sur cette dernière la traction se fera directement, le moteur marchant entre deux rails.

Le surcroît de dépense, nécessité par l'adjonction de cette voie supplémentaire, ne s'élèvera pas à dix francs par mètre courant, tout compris. Dans le cas où le passage des patineurs sur la voie ne doit pas avoir lieu, comme cela pourra arriver dans l'intérieur des grandes exploitations agricoles et industrielles reliées au réseau, le système se résoudra dans le système en usage aujourd'hui, mais ramené à l'unité de largeur commune. On peut prévoir que dans certains cas et pour des raisons analogues, le passage des patineurs sur la voie soit seul nécessaire ; la dépense pour l'établissement de la voie serait, alors, presque réduite d'un tiers.

Dans tous les cas, que la voie soit double ou dédoublée, elle pourra toujours se raccorder avec le réseau, de telle sorte que la continuité de la circulation ne soit pas interrompue. Décrire par quels moyens, serait du temps perdu, car de ce côté il n'y rien à inventer.

Infractions à la ligne droite.

La ligne droite et horizontale est, comme pour les chemins

de fer, l'idéal que poursuivent les ingénieurs; mais, ainsi que le lecteur doit le comprendre dès à présent, les chemins à roulettes sont dans leurs exigences infiniment moins rigides et moins absolus que ces derniers. Ils se plient aux courbes du rayon le plus petit toléré sur les routes ordinaires, et dans tous les cas les évitent bien plus facilement en raison du peu de largeur de la voie générale.

Pour les rampes, nous avons vu qu'elles pourront aller jusqu'à 3 p. 0/0, ce chiffre étant rigoureusement déterminé par la quantité de force locomotrice que nous avons constatée chez l'homme.

Avec cette latitude de 3 p. 0/0 de rampe jointe à la faculté de se servir des courbes d'un rayon aussi restreint, l'on conçoit que le système se prête à peu près sans exception à tous les besoins de la vicinalité.

Croisements de voie.

En raison des fonctions qu'ils ont à remplir, les chemins à roulettes sont exposés à croiser des vallons et des dépressions de terrains, de petites collines, des ravins, des torrents, de grands cours d'eau, des chemins ruraux, des chemins à roulettes même, ou à être croisés eux-mêmes par des chemins de fer, des canaux, etc., auxquels ils doivent céder le pas.

Ces croisements s'effectueront :

1° En dessus, au moyen de ponts et viaducs en pierre, en bois, en fil de fer, etc., etc.

2° En dessous, au moyen de tunnels d'une longueur plus ou moins restreinte, etc.

3° Enfin, à niveau, ils pourront se croiser entre eux par des procédés analogues à ceux qu'emploient ou peuvent employer les chemins de fer; et être croisés par des chemins ruraux au moyen de ponts à bascule composés de deux volets, qui d'ordinaire élevés pour laisser la voie libre, s'abaisseront sur elle et viendront automatiquement à la rencontre l'un de l'autre, pour la protéger du moment qu'une monture ou un véhicule s'avanceront pour la franchir.

Si cette partie de la voie était totalement en fer ces mécanismes pourraient être singulièrement simplifiés.

Nous abandonnons du reste ce problème à l'esprit inventif et pratique de nos ingénieurs ; il suffira au lecteur que nous en ayons montré la solution possible, et facile autant que peu onéreuse.

Le piéton, cela se conçoit, pourra partout traverser la voie à nu et les sentiers ou chemins à talon n'auront besoin d'aucune disposition spéciale du genre de celle dont nous venons de parler.

Le croisement embrasse, comme on le voit, tous les travaux d'art nécessités par la voie proprement dite, à l'exception, toutefois, de l'encorbellement qu'on aura à pratiquer dans l'intention de mettre à profit les ponts et viaducs trop étroits pour servir à un double usage ; ou mieux encore pour cotoyer les rochers trop abrupts dans les contrées montagneuses ouvertes les unes aux autres par des gorges.

§ III. — Difficultés exceptionnelles.

Plans inclinés du système.

Il pourra se faire, et l'on s'en rend compte en méditant sur la question, qu'en raison des difficultés exceptionnelles présentées par le sol, on soit forcé quelquefois, afin de *compléter* les réseaux, d'avoir recours à des moyens qui, pour être spéciaux, n'en conserveront pas moins la supériorité établie entre l'ancien et le nouveau régime locomoteur de l'individu.

Ces modifications toutes locales et très-circonscrites du système n'en rompront pas, pour cela, l'unité et la continuité ; la vie, elle-même, nous offre des faits analogues ; on peut s'en assurer par l'étude de ses organes circulatoires.

Le régime de ces voies exceptionnelles commencera dans les cas rares où ces rampes n'auront pu être éludées, immédiatement au-dessus du taux maximum du régime ordinaire, c'est-à-dire de 3 p. 0/0. Le trait caractéristique de la voie sera, dès lors, l'absence des organes destinés à recevoir le patineur.

fig. 1

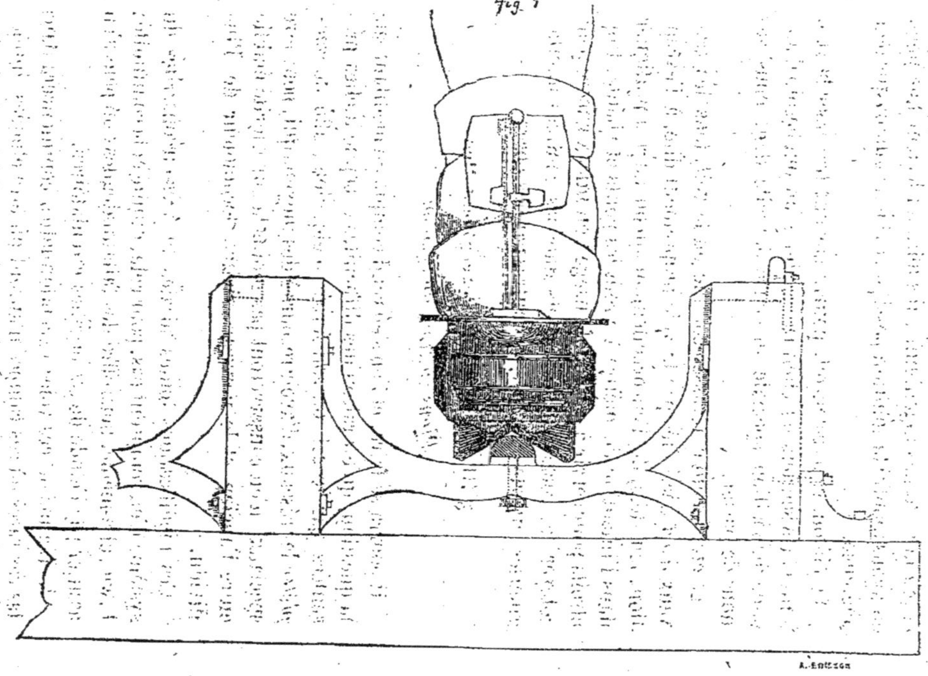

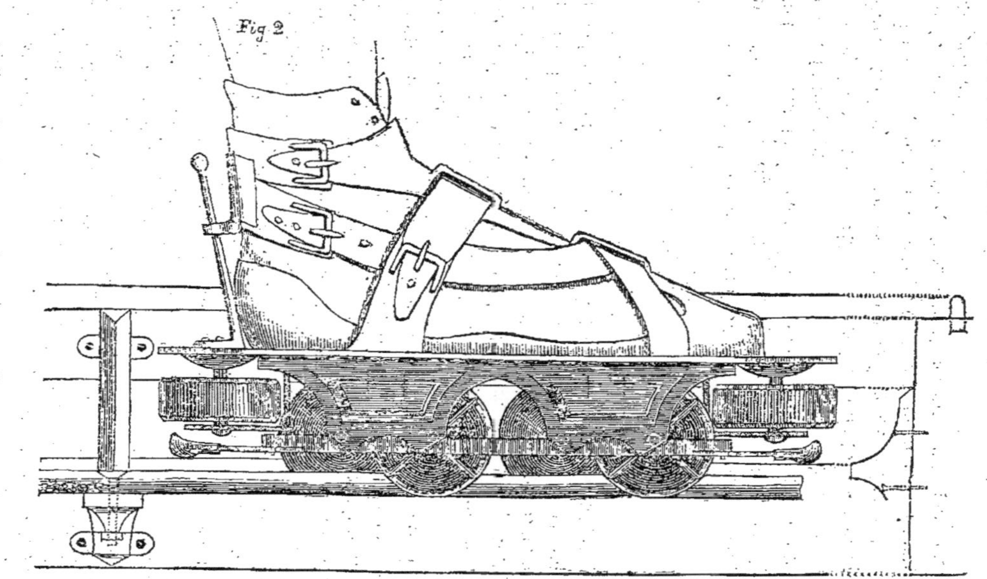

Fig 2

Ne permettant plus que le passage des chariots, elle sera réduite à un plan incliné ordinaire dont les rails seront la continuation de ceux destinés au même usage dans le système. Quant aux moteurs invoqués, ils ne cesseront pas d'être les mêmes, dans le réseau unique, que leur mode d'application varie ou se restreigne. Il faudra, en effet, que les chariots automoteurs, appropriés à leur usage spécial, prennent adhérence sur la voie à la manière des locomotives gravissantes, ou, ce qui mieux est, au moyen d'un organe central placé dans l'axe de la voie, crémaillière, ou chaîne Vaucanson, ou Galle ; ce qui fera ressembler ce système à celui des bateaux qui remontent la Seine ; mais alors le chariot sera modifié et construit dans les vues de cette destinée ; ce qui n'empêchera pas que cette nouvelle application de la force humaine ne soit supérieure, en effets locomoteurs, à la simple marche, comme nous l'avons déjà dit. Le calcul montre ce fait dans toute son évidence.

Grâce à l'usage de cliquets bien construits ou d'autres mécanismes préférables s'opposant au recul, tant que la rampe ne dépassera pas un certain taux, les chariots hétéromoteurs seront dans les mêmes conditions que sur la voie ordinaire des chemins à roulettes, c'est-à-dire qu'ils ne cesseront pas de conserver leurs avantages relatifs.

Plans inclinés doubles et ascensions.

Mais quand la rampe sera trop rapide on aura recours, purement et simplement, au système des plans inclinés doubles employés dans les grandes exploitations minières ou métallurgiques.

Parmi les sources variées de force auxquelles ils pourront faire appel nous citerons, comme pour les cas précédents :

La force propre du voyageur se transformant en mouvement à l'aide de mécanismes pareils à ceux dont nous venons de parler ;

La force des moteurs vivants ; mais cette fois agissant à poste fixe, au haut de la rampe comme cela se pratique déjà Nous citerons encore :

La force du vent recueillie au moyen de moulins à vent, disposés à cet effet au haut de la rampe et finalement les chutes d'eau que l'on rencontrera très-souvent au bas de ces rampes.

Les ascensions directes qui auront également à se produire s'opéreront par des moyens analogues à ceux que nous venons d'indiquer sommairement; et à beaucoup d'égards les moyens mis en œuvre par elles les feront ressembler à celles pratiquées dans les puits des mines.

Nous n'aurions aucune raison plausible d'insister ici sur ces détails accessoires et du reste tout trouvés ; en les énonçant nous avons eu l'intention d'être intégral dans notre exposition et il nous suffit, pour le moment, de l'avoir été.

CHAPITRE SECOND.

ÉLÉMENTS POSITIFS DE LA SOLUTION.

§ I. — **Organes du mode majeur.**

Description du patin.

La description que nous avons donnée de cette petite machine, lorsqu'il a fallu exposer la théorie du patiner nouveau, simplifiera singulièrement notre tâche.

Pour plus de clarté nous la diviserons en trois parties : le système des ligatures, le fût et le brancard.

Système des ligatures. — Nous avons accepté les dispositions principales admises généralement dans la pratique pour le patin à glace et le patin de la scène. Mais, en attendant les perfectionnements que l'expérience et l'usage peuvent seuls amener, nous avons proposé les modifications suivantes dont on peut suivre la description sur les figures 2 et 1. La première pièce de ce système sera un socque en gutta-percha d'une seule pièce et qui reposera sur le fût ou plate forme.

Ce socque recevra avec une parfaite adaptation la chaussure ordinaire désormais fort légère. La *courroie* et la *bride* restant les mêmes et accomplissant les mêmes fonctions que par le passé, sont tenues, en outre, dans un constant rapport par une bande médiane qui les reçoit chacune dans un passant et unit le bout de pied de ce socque à une sorte de bracelet attaché au-dessus de la cheville et portant en arrière une plaque de cuivre destinée à fixer en ce point un petit anneau. De la sorte ce système présente trois boucles au lieu de deux.

Par ces dispositions et à l'aide d'un petit organe qu'il nous reste à décrire, le nouveau patin se trouve bénéficier, sans compensation, des avantages importants du galochage.

Pour cela, ainsi qu'on peut le voir aux deux mêmes figures, il suffit d'avoir fixé sur le fût, immédiatement en arrière de la talonnière du socque, une tige destinée à passer dans le petit anneau que porte le bracelet et terminée par une olive vissée à son extrémité libre de manière à ce qu'elle n'en puisse pas sortir du moment que le patin a été monté.

Cette tige en bon acier constitue un ressort, qui permet au talon de s'élever un peu dans la talonnière moyennant course de l'anneau et flexion de la part de la tige, mais qui, du moment que l'effort cesse, tend par son redressement à ramener le pied chaussé en adaptation parfaite avec le socque. L'inspection attentive de nos dessins fera parfaitement saisir cette disposition

Fût ou plateforme. — Cet organe, l'analogue du fût en bois des patins usuels à glace ou à roulettes, est constitué par une plaque de tôle en forme de semelle, sorte de bâtis qui sert de moyen d'union entre les ligatures et le brancard dont nous aurons à nous occuper.

Dans le plan par terre de la figure 3, la ligne BBBB en marque le contour.

Sur cette plaque s'attachent le socque, la bride et la tige-ressort; mais cette plaque n'est unie au brancard que par un pivot central de manière à ce que les axes de ces deux parties du patin puissent, autour de ce point, rompre leur parallélisme sous l'effort d'une torsion, le brancard étant préalablement fixé sur le sol. L'union de ces deux parties est du reste consolidée par les deux guides de ce mouvement, constitués en avant, comme en arrière, par une tige appartenant au brancard, et courbée dans un plan horizontal en un segment de cercle, qui a le pivot pour centre.

Chacune de ces deux tiges reçoit un anneau fixé au-dessous de la plaque et traverse dans sa longueur un ressort à boudin.

De ces ressorts l'antérieur unit l'anneau au bras interne du brancard et le postérieur au bras externe; de telle sorte que l'effort de torsion cessant, ces deux ressorts coopèrent au rétablissement des rapports normaux des deux parties du patin.

Dans la crainte que cela ne jetât de l'obscurité sur la figure 3, nous nous sommes borné à indiquer la position de ce petit mécanisme par les lignes pointées HH et KK.

Mais nous n'avons pas tout dit encore sur le bâtis du nouveau patin.

La partie de cette plaque qui déborde le brancard en avant et en arrière se dédouble horizontalement en deux feuillets destinés à recevoir, dans leurs interstices en forme de portion de tambour, une roulette transversale, dont la figure 3 donne le plan par terre ombrée et la figure 2 le profil. Cette roulette n'est autre que le *coussin-barrillet*, que connaît déjà le lecteur.

Ces deux roulettes horizontales, l'antérieure comme la postérieure, contiennent un ressort en spirale, dont les extrémités sont fixées l'une à l'axe et l'autre à la partie interne de la circonférence du barrillet qui tourne, lui, sur son axe fixe comme une roue ordinaire.

Le roulement de ces roulettes se faisant en sens inverse l'un de l'autre, les ressorts sont disposés en conséquence. La lame inférieure qui contribue à la formation du tambour incomplet en question, est disposée de manière à protéger la roulette contre la pression de haut en bas qui a lieu sur la bande striée indépendamment de la pression latérale, lorsque le pied ayant effectué son mouvement de torsion, bascule en avant. Quant au pivotement de la plaque sur le chariot il a lieu par l'intermédiaire de la traverse KH et au point L de la figure 3. On aura pris soin que le glissement ne laisse rien à désirer et la machine sera engencée de telle sorte que le brancard ou ses roulettes ne s'opposent pas à la rupture du parallélisme des deux parties mobiles du patin.

Brancard du patin. — Cette division de la machine se compose d'un brancard ou cadre en cuivre fondu, évidé de manière à ce qu'en lui la légèreté se concilie avec une suffisante solidité. Ce cadre est traversé en avant et en arrière, comme nous l'avons déjà dit, par les guides du glissement de la plaque, et, au milieu, par la traverse plane sur laquelle s'effectue au point L le pivotement.

Si cette traverse ne s'attache pas à angle droit sur le brancard, cela dépend de la disposition des roulettes, dont nous aurons à parler. Vers la partie supérieure de ses deux extrémités, ce cadre est évidé pour ne pas gêner le mouvement de torsion.

Vers la partie inférieure de ces deux extrémités, le même cadre fixe une lame-ressort constituant le squelette des sous-coussins. Cette lame est garnie et rembourrée à sa face inférieure en coussin rentrant, comme une selle de cheval. Cette garniture est assez solide pour pouvoir résister au grand frottement qu'elle rencontrera sur le rail mi-rond, quand le patin basculera en avant pour la prise d'appui. — Que le lecteur veuille bien suivre notre description dans les figures 1, 2 et 3. Mais la fonction principale du cadre est de porter les roulettes, ou du moins les coussinets bien établis dans lesquels devront tourner leurs axes fixes. — Afin de diminuer les causes d'échauffement des axes et de multiplier les garanties d'équilibre, nous avons admis ces roulettes au nombre de quatre, divisées en deux couples, l'un antérieur et l'autre postérieur. Chaque couple est composé de deux roulettes coniques en cuivre fondu, creuses pour en diminuer le poids et dont les axes sont dans le même plan horizontal ; elles sont *contrariées* de manière que deux à deux elles forment un angle largement ouvert en bas pour recevoir le rail. Les deux branches de cet angle ne sont pas unies, cela se conçoit, mais bien placées à la distance des deux axes, dans deux plans verticaux parallèles. Outre ces roulettes, le cadre porte en dehors, pour le graissage continu, quatre boîtes fournissant chacune à deux tourillons. Lorsque l'expérience industrielle aura parlé, les constructeurs s'évertueront à simplifier, diminuer de volume et alléger la petite machine que nous venons d'analyser. C'est là un point important, très-important. Les deux patins devront pouvoir être logés dans une petite saccoche, dont le voyageur ne pourra se séparer dans la majorité des cas.

Bâton de voyage.

Comme le bâton des voyageurs en patin sur la glace, le bâton dont nous invoquons les services, aura un double effet : il permettra la conversion de la force de flexion des bras en roulement de la masse du corps, sur les rails à patin ; pour cela il conviendra qu'il ait une certaine longueur et qu'il soit garni à son extrémité inférieure, semblable en tout au bâton du touriste dans les pays montagneux. Pour s'en servir, les deux pieds reposant chacun sur son rail, on le piquera sur la longrine qui sépare ces derniers, puis l'on agira dans la position du mineur faisant un trou de mine oblique. En tant que balancier le bâton pourra, en outre, sauvegarder l'équilibre et tempérer les chances et dangers d'accidents qui pourraient se produire.

Ce bâton serait encore à même, par un service tout à fait analogue, et que du reste il rend déjà au voyageur en léger traîneau sur la glace, serait à même, disons-nous, ce dernier étant sur un chariot et prenant son point d'appui sur une des longrines médianes, de constituer un excellent et bien simple moyen d'utiliser la force des bras à la locomotion assise.

Guides roulants.

Le lecteur, par ce que nous avons dit en temps et lieu, se fait déjà une idée de ces organes entièrement destinés à sauvegarder l'équilibre. Ces guides pourront être de la forme générale indiquée à la fig. 8 ; seulement ce que nous n'avons pas dit c'est qu'ils reposeront par leurs trois roulettes, sur un des rails à chariot, sur un rail à patin et sur la longrine moyenne de ce côté, de manière que le patin ne puisse les rencontrer dans ses évolutions, et que deux patineurs avec leur appui puissent se croiser sur la voie.

Ces guides pourront encore être de la forme de ceux dans

lesquels on place les enfants qui commencent seulement à marcher; mais dans ce cas le voyageur qui en fera usage sera considéré comme allant en chariot, cela se comprend.

Nous avons dit comment ces organes devront être complétés par des freins qui pourront être rendus progressifs dans leur action et qui agiront d'eux-mêmes et d'une manière précise à chaque danger d'accident.

On connaît maintenant leurs principes de construction, la pratique seule sera en position de déterminer leur forme exacte.

§ II. — Organes du mode mineur.

Chariots pour marchandises.

Ces chariots seront par leur forme générale assortis aux marchandises qu'ils auront à transporter; ils reposeront en général sur des roues de petit diamètre, afin que leurs caisses ou plates-formes puissent déborder la voie sans danger pour l'équilibre.

Ces caisses ou plates-formes pourront se séparer du brancard et seront construites de manière à pouvoir reposer sur les charrettes ou chars destinés à apporter les produits au réseau. Les chargements et déchargements n'auront ainsi lieu qu'une fois, car ces caisses ou plates-formes à l'aide d'un truc pourront rapidement passer de la charrette sur le chariot et réciproquement; ce qui ne sera pas un petit avantage.

L'attelage sera celui dont on se sert dans le halage. Toutefois quand la portion de voie à parcourir présentera des courbes trop sensibles, il importera que le point de traction soit choisi sur les chariots qui occuperont le milieu du petit train, ceci n'a pas besoin d'explication.

Chariots pour voyageurs.

Nous avons dit combien pourraient être variés, par les mécanismes qu'ils mettront en œuvre, les chariots destinés aux transports des voyageurs. En dehors de ce que nous pouvons avoir imaginé nous-même, nous tenons déjà en note

Fig 5

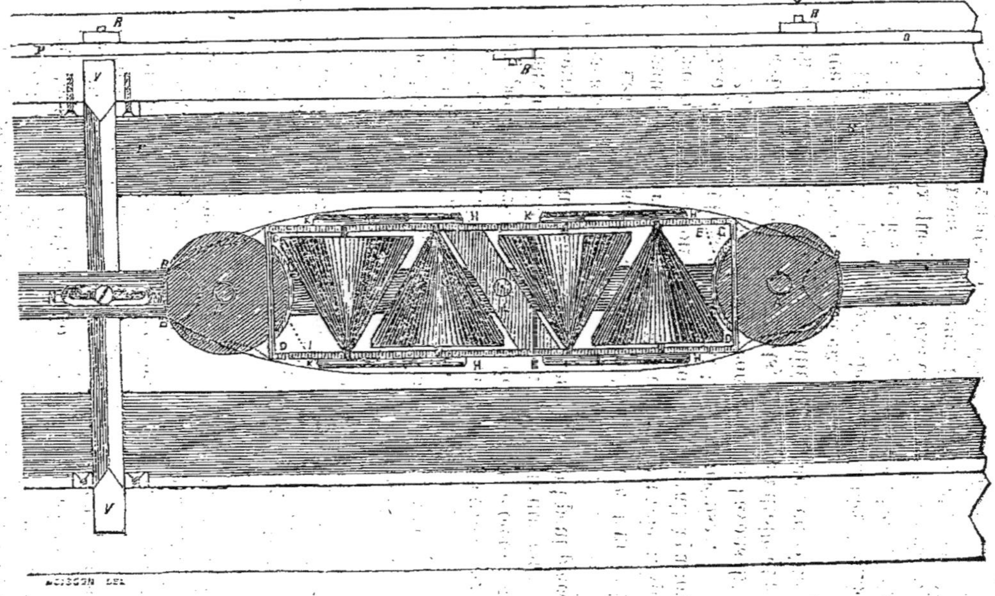

un nombre considérable de ces petites machines construites dans l'intention simple de se mouvoir sur les routes, et nous ne doutons pas que l'apparition de ce travail ne les fasse surgir en foule soit du néant, soit de l'oubli dans lequel les avaient jetées leurs insuccès pratiques.

Il sera très-intéressant pour l'œuvre que nous poursuivons, de les avoir soigneusement colligés et comparativement étudiés ; mais le temps de ce travail, fécond en résultats pratiques, n'est point encore arrivé.

Nous devons nous borner provisoirement à donner ici une idée sommaire de la machine de notre invention que nous considérons comme le type des chariots automoteurs mis en œuvre par la locomotion nouvelle.

Cette machine est un chariot à rames, se mouvant à l'aide de l'adhérence de ses propres roues sur la voie; elle a été construite par M. Boisson sur nos indications.

C'est un tricycle dont la roue unique se trouve en arrière, supportant directement le poids de l'homme-moteur; sur les deux roues de devant est établi un siége pour une autre personne ; siége sur lequel le voyageur tout seul peut placer ses bagages.

Les deux roues de devant font corps avec leur essieu et roulent sur les rails destinés aux chariots. La voie unique est également fixée à son essieu, et roule sur le rail à patins médian, qui reçoit la gorge dont sa bande est creusée.

L'axe de cette dernière qui, comme nous l'avons dit, supporte le siége par deux montants, s'allonge à droite et à gauche et porte à ses deux extrémités un pignon en cône tronqué dont la petite section est en dedans.

L'essieu de devant en porte deux semblables immédiatement en dedans des roues, et à la même distance l'un de l'autre que ceux que porte l'axe de la roue de derrière.

Par ces pignons unis deux à deux de chaque côté au moyen de deux chaînes Galle, l'essieu de devant avec l'axe de derrière forment un tout, de sorte que aucun mouvement de rotation ne peut s'effectuer dans l'un qui ne soit communiqué à l'autre.

Par la forme conique des pignons, le bord externe de cette

chaîne est plus long que l'interne et cette dernière verse en dedans.

On a deviné que c'est sur cette chaîne que doivent agir les rames fixées de chaque côté du siége de derrière.

L'extrémité inférieure de ces rames est disposée de manière que, au commencement de chaque coup de rame, le bout de celle-ci vienne facilement s'engager dans un des chaînons.

Par l'effort du rameur ce chaînon est porté en avant, et détermine une rotation des pignons, et par eux la rotation des roues.

Pour éviter l'inconvénient de la longueur de la flèche de l'arc que décrit l'extrémité inférieure de la rame, cette dernière jouit d'un mode d'attache spécial qui lui permet une légère élévation, sans créer d'obstacle à sa mobilité.

§ III. — Organes du mode neutre.

Le Vélocipède.

Nous ne doutons pas qu'en dehors du vélocipède l'esprit d'invention ne puisse arriver à la conception de quelque autre petite machine qui, tout en donnant quelques avantages d'équilibre ou autres, permette comme ce dernier le croisement de deux voyageurs sur la voie. Nous en avons fait un genre spécial, non-seulement parce que la division est légitime, naturelle, mais encore afin de marquer l'importance dont nous paraît tout organe qui dans un système accomplit des fonctions de transition.

Nous avons dit et le lecteur sait probablement, *de visu*, en quoi consiste un vélocipède dont nous avons donné une esquisse à la fig. 16.

Deux roues placées l'une devant l'autre, dans le même plan vertical et dont les deux axes supportent un siége évasé en forme de selle pour recevoir l'homme à califourchon, telle est l'idée générale qu'on doit s'en faire.

Dans le vélocipède pour les routes, la roue de devant, en inclinant (sous la volonté directrice du voyageur) son plan vertical à droite ou à gauche dirige le mouvement de la masse. Appropriée aux besoins de la locomotion nouvelle, la machine n'a nullement besoin de cette disposition, et, par là, le voyageur est délivré de tous les dangers que peut faire courir son usage.

Les deux roues placées dans le même plan, l'une devant l'autre, sont creusées d'une gorge et guidées par cette dernière sans déviation possible; ajoutez qu'en raison de la perfection du roulement, il n'y a plus à redouter les ressauts ennemis de l'équilibre.

Le mouvement s'engendre en vertu de l'extension simultanée des deux jambes faisant fonction de véritables ressorts. Ces ressorts appliquent leur force au système au moyen du pubis sur la naissance de l'encolure terminant le siège en en avant, et prennent leur point d'appui sur le sol, qui, dans le système sera remplacé par les deux longrines de chaque côté du rail.

Il faut, de la sorte, que le siège soit un peu moins élevé que la commissure des jambes, ce qui limite la hauteur des roues.

Dans le système ces roues pourront avoir plus de hauteur, si cela est jugé nécessaire, par la raison que la machine aura à rouler sur le rail mi-rond, notablement plus bas que la face supérieure des longrines sur lesquelles devra se faire la prise d'appui.

Notre figure présente l'indication des étriers dans lesquels se place le pied quand le membre est au repos; ces derniers pendants traîneraient désagréablement sur le sol.

Nous avons également figuré la jambe avant son extension et par la ligne pointée et par le parallélogramme qu'elle porte vers sa partie supérieure, on voit comment se décompose et ce que devient la force extensive de ce membre.

CHAPITRE TROISIÈME.

ÉLÉMENTS SYNTHÉTIQUES DE LA SOLUTION.

Gares-docks, stations.

Comme les chemins de fer, les chemins à roulettes auront gares et stations; cette onéreuse charge leur est imposée par les exigences du mode mineur de la locomotion, par celles du système économique auquel leur entretien et leur exploitation devront nécessairement avoir recours et enfin par l'immense institution du crédit sur consignations à laquelle il leur est réservé de donner la vie.

Les stations seront, autant que possible, régulièrement distribuées sur la ligne, de manière à ce qu'il n'y en ait pas plus d'une par lieue courante; elles contiendront un petit matériel de véhicules; mais leur principale fin est de loger le garde-péager, surveillant de la voie et qui sera en même temps, nous le verrons, ou cantonnier, ou forgeron, ou charpentier ou maçon pour les besoins de sa conservation en bon état.

Ces stations seront réduites à un simple pavillon, quand leur nombre devra dépasser celui des ouvriers nécessaires et quand le besoin d'un petit atelier n'en aura pas décidé autrement; le service du péage pouvant très-bien être fait par la femme ou l'enfant du garde le plus voisin.

Les gares de grandes stations logeront le chef et tous ses sous-agents, elles seront d'importances diverses, en raison même du degré qu'elles occuperont dans le réseau, ou du centre commercial qu'elles desserviront. Outre le logement du personnel elles contiendront le matériel et un atelier principal pour chacune des branches du travail auquel elles peuvent donner lieu.

Mais tout ne se borne pas là, elles seront construites de manière à remplir, outre leurs fonctions propres, celle capitale de docks cantonnaux. Elles contiendront en conséquence des magasins fondés et organisés selon les principes qu'ont mis en évidence les recherches modernes.

La forme générale de ces greniers et magasins sera donc aussi bien que leur distribution déterminé et par la nature des produits qu'ils auront à conserver, et variera, en conséquence, selon la nature de la production locale.

Il serait superflu de s'occuper davantage ici de cette vaste question. Nous terminerons donc, sans aller plus loin, l'examen sommaire de la question technologique pour aborder les questions spéciales et de quelque importance que peut soulever l'étude méthodique d'un projet déterminé; cette étude sera, comme nous l'avons dit, pour le lecteur et pour nous-même une garantie d'*intégralité;* et dans les discussions nécessaires qui devront se produire à la suite de l'apparition de ce travail, nulle part importante ne sera laissée à l'imprévu.

La critique dégagée de l'inquiétude et du souci que donne la crainte des piéges sera plus facilement entraîné à aborder et discuter largement et sérieusement notre œuvre laborieuse; honneur après lequel nous soupirons de tous nos vœux, comme après la plus belle, la plus riche des récompenses.

FIN DE LA DEUXIÈME PARTIE.

TROISIEME PARTIE

PROJET D'AOUSTE A CREST.

De notre projet.

Sur notre prière et dans l'intention de soulever et de résoudre méthodiquement, pour notre propre édification, (comme pour celle des sociétés et des hommes compétents appelés à nous juger), toutes les difficultés que comportent les deux questions fondamentales de construction et de prix de revient, notre ami M. Boisson, continuant sa bienveillance à notre égard, a bien voulu faire une étude d'Aoûste à Crest; deux petites villes que nous habitons, et qui sont placées, sur la Drôme, à 2,676 mètres de distance. A raison de la conformation du terrain, on eût pu dresser là un projet plus favorable à la locomotion, d'une construction plus simple et moins enflée en son devis : et dans lequel les avantages naturels de la position n'eussent pas été au-dessous de la moyenne générale des difficultés d'établissement et de prix de revient.

Mais pour atteindre le but que nous poursuivons, lequel, comme nous l'avons dit, n'est pas la réalisation sur place, mais bien la discussion pleine et méthodique, nous nous sommes, au contraire, arrangés de manière à ce que le tracé et le devis présentassent un spécimen de toutes les difficultés courantes, ne laissant de non résolues que celles qui n'ayant pu être suscitées, malgré notre bonne volonté, ne sont cependant pas de nature à frapper de mort le système, par leur échec dans la pratique.

Ces plans et devis que nous ne pouvons produire ici, nous en ferons, toutefois, un usage important en faveur de la publicité et d'une discussion que nous appelons de tous nos vœux.

Dans ce qui précède de notre travail, nous avons successivement étudié les principes fondamentaux sur lesquels repose le système et les détails technologiques qui le constituent, nous sommes heureux de pouvoir, dès à présent, et en manière de contre-épreuve, présenter brièvement et clairement une vue synthétique de ce système de pouvoir en parler, enfin, comme d'une idée passée dans les faits et en pleine activité de service.

Outre l'avantage d'un contrôle efficace de ce qui précède, cette sorte d'exposition connue *de visu* en a deux autres bien suffisants à justifier notre conduite : Elle a le privilége de donner un singulier relief aux lignes abstraites de l'analyse, et d'attirer ainsi la réflexion des gens du monde, ou des hommes intelligents non spéciaux, dont le concours néanmoins nous est infiniment cher et nous paraît indispensable.

Par une loyauté toute scientifique, cette méthode d'exposition grossit les défauts de cuirasse du système, aide à la critique des hommes compétents, et par la facilité d'examen qu'elle crée et le peu de temps qu'elle réclame de leur attention, les force à prononcer sur l'importante question, et sans atermoiement, une opinion nette, sans indécision et dégagée de toute fin de non-recevoir, points capitaux que nous sommes résolus de poursuivre par tous les voies et moyens à notre disposition.

Résumé du devis.

Voici, d'abord, le résumé substantiel du devis qui accompagne notre projet d'Aouste à Crest; nous l'interpréterons ensuite de manière à ce que le lecteur puisse, par l'étude de ce cas particulier, arriver à une notion suffisamment exacte du prix moyen.

	m. c.	fr. c.
Fouilles. Déblais. Tranchée de la route. Fouilles pour le support des longrines. Fossés latéraux de la voie	3,277 69	1,638 85
Le mètre cube valant	» 50	
Moçonneries. Supports des longrines au nombre de 1,337. Deux ponts. Un autre sous la route	600 12	3,360 60
Le mètre cube évalué à	5 50	
Empierrement de la voie		722 52

Boiseries. Longrines.		
Traverses de 2 en 2 mètres.	206 84	10,342 80
Bandes striées clouées aux longrines. .		
Charpente du pont.		
Le mètre cube évalué à.	50 »	
Fontes. Étriers, 3 par 1 m. de voie. . .	kil.	
Coussinets pour les traverses, 2,676. .	58,641 44	11,592 44
Coussinets pour les rails allants, 2,676		
Le kilogramme évalué à 30 cent., ci. .	» 30	
Fers. Rails à patins.	32,781 »	16,390 50
Rails à chariots.		
Le kilogramme évalué.	» 50	
Boulons de toute espèce.		7,225 20
Pointes pour clouer les bandes striées.		320 »
Peinture en trois couches des longrines		2,408 40
Cinq ponts à bascule à la rencontre des chemins ruraux.		1,480 »
Une gare-dock à Crest.		30,000 »
Une station à Aouste.		
Matériel du dock et de la station . . .		
Indemnités de terrain à raison de 10,000 francs l'hectare.		6,240 »
Enregistrement. Nous supposons que l'Etat fera jouir la Compagnie du privilége accordé aux communes, pour l'acquisition des terrains affectés aux chemins vicinaux, dont les actes sont enregistrés au droit de 1 franc.		1 »
Total.		91,660 51
Dépenses imprévues.		2,082 49
Total.		94,000 »
Honoraires de l'ingénieur à 5 pour 100. *Plans et estimations des terrains* à 5 pour 100.		4,700 »
Total.		98,700 »
Ce qui ferait par mètre courant. . . .		36 50

Ce prix paraîtra exorbitant au lecteur; il s'élèverait, de la sorte, jusqu'au huitième du prix de revient des chemins de fer ordinaires, mais l'on verra bientôt comment ce chiffre se réduit naturellement à un chiffre plus que modeste.

ÉTUDES DES PRIX DU DEVIS PAR MÈTRES.

1° TRAVAUX ORDINAIRES, MATÉRIAUX ET MAIN-D'ŒUVRE.	
Déblais, le mètre courant, en moyenne.	» 61
Maçonnerie, Id. . . .	» 80
Empierrement, Id. . . .	» 27
Boiseries, Id. . . .	3 50
Fontes, Id. . . .	4 33
Fers, Id. . . .	6 12
Boulons et pointes, Id. . . .	2 82
Peinture, Id. . . .	» 90
Dépenses imprévues, Id. . . .	» 77
TOTAL.	21 05
Ingénieur et conduite des travaux, 5 pour 100.	1 05
TOTAL.	22 10
2° INDEMNITÉS.	
Terrains, le mètre courant, en moyenne. Expertises, Id . . .	2 62
3° TRAVAUX D'ART.	
Ponts et passages, le mètre courant, en moyenne . . . . Stations et docks, id.. . . . . Matériel d'exploitation, id.	11 78
TOTAL GÉNÉRAL. . . .	36 50

Du prix moyens en pays civilisés.

Le prix de 20 francs, que nous avions donné plus haut, comme prix moyen général du mètre courant, et qui n'est que le $\frac{1}{15}$ de celui des chemins de fer, semblera bien éloigné du chiffre auquel nous amène notre devis : il importe que le lecteur nous suive dans les brèves explications, que nous allons lui présenter.

La main-d'œuvre est comptée au maximum, et, comme elle est de nature à pouvoir être fournie par le journalier ou l'ouvrier le moins expert, on trouvera dans la profondeur des pays pauvres une main-d'œuvre à des conditions préférables, surtout si l'on profite des mortes-saisons, ce à quoi la nature du travail ne s'oppose nullement.

La main-d'œuvre générale entre, du reste, pour une fraction minime dans le prix de revient.

Le prix du bois et des matériaux à batir et empierrer diminuera également, dans le même sens, puisqu'ils sont, en général, et justement de nature à être trouvés sur place, dans les pays déshérités, et que, dans tous les cas, le transport du fer et de ceux de ces matériaux qui manqueront sera singulièrement facilité par les parties du réseau déjà créé.

Dans les mêmes conditions, le chiffre des indemnités de terrain pourra, progressivement, se réduire à presque rien. Il est sensible que la propriété ne se laissera pas faire beaucoup de violence par l'expropriation ; outre l'avantage direct de la proximité de l'organe d'une circulation de puissance ou de vitesse décuple, la voie *surveillera* plus les propriétés qu'elle ne les *ouvrira à la maraude*, et elle est trop étroite et trop *indépendante de construction* pour gêner les cultures.

Chaque point du pays est en état de construire, lui-même, son réseau avec ses seules ressources. Il donne, pour la main-d'œuvre, son chômage. Il donne un sol dont la suppression à la culture, n'ôtera pas un liard à la production. Il prend autour de lui des matériaux et des bois sur pied : toutes les essences peuvent, à la rigueur, être employées et débitées sur place. Ainsi, avec ses ressources naturelles, ses bras inoccupés et une petite quantité de numéraire, sans faire appel au dehors, sans perturbation économique, et par une simple opération de comptabilité, tout pays pourrait, à la rigueur, et presque instantanément créer son réseau quelque pauvre qu'il fût, et quelque valeur que ce dernier dût représenter ; et c'est là une chose providentielle, dont l'importance n'échappera à personne, soit comme argument en faveur d'une rapide réalisation générale du système, soit comme argument en faveur de son adoption générale.

Bénéfices imprévus.

Quand une institution sociale est en état de rendre des services à une autre institution de cette même nature, où d'en recevoir, sans que par ce crédit ou cet échange fraternel, l'une soit lésée aux dépens de l'autre, au contraire, il est permis d'en tenir compte, et convenable d'inscrire, en entier, le bénéfice imprévu de cette alliance, à l'avoir de la nouvelle venue.

En conséquence les chemins à roulettes bénéficieront de tous les avantages qu'il y aura pour eux à suivre les routes, canaux, quais, digues, chemins de fer, et à se servir de leurs ponts, tunnels, viaducs, aqueducs ; mais ce n'est point tout : leur sol se prêtant admirablement, sans aucun avantage perdu à conduire les sources ou fontaines, les engrais à l'état liquide, le gaz, l'électricité télégraphique, ils deviennent un véritable et constant noyau pour le *paquet-circulatoire* des parenchymes du corps social.

La nécessité de sources jaillissantes, dans tout centre de population et leurs établissements ne font plus question aujourd'hui.

Il est également évident, pour qui réfléchit, que ces institutions vitales, d'une civilisation supérieure à la nôtre, ne fonctionneraient pas longtemps sans amener, pour conséquence inévitable, l'établissement général du *système circulatoire des engrais rendus liquides*. La voie se chargerait naturellement de *conduire* ses vaisseaux.

On sait que l'utile fabrication du charbon de bois par les procédés barbares, qui n'ont pu recevoir de perfectionnement jusqu'ici, gaspille en pure perte, des produits liquides précieux dont l'emploi est tout trouvé dans l'industrie, et des gaz éminemment propres à l'éclairage : la réalisation du système fait entrer cette fabrication dans une voie nouvelle ; d'un côté, en atténuant, dans des proportions considérables, les frais de transport de la matière première et des produits, de l'autre en se prêtant à la conduite facile et économique du gaz à éclairage ou chauffage jusqu'au plus prochain centre de population.

Les chemins à roulettes suppriment presque totalement les frais d'établissement et d'entretien de la télégraphie électrique, en se faisant, sans en souffrir le moindre détriment, les conducteurs complaisants de ces fils. Ce service s'obtient d'eux en ouvrant, pour les loger, une rainure tout le long des longrines externes, et en les y fermant au moyen d'un liteau entrant dans cette rainure à encastrement forcé. On sait que le prix de revient des télégraphes électriques est de 5 fr. le mètre courant, ils ne coûteraient pas 1 fr. par ce procédé.

La télégraphie électrique est évidemment appelée à des destinées autrement importantes que celles que nous lui connaissons aujourd'hui : il n'est pas douteux que, dans des temps bien rapprochés de nous tous les gouvernements civilisés, et le nôtre en particulier, soient amenés à unir, par le réseau électrique, tous les centres *administratifs* et *militaires*, si minime que soit leur importance. Or, si toutes les sous-préfectures et gendarmeries participaient à cet avantage, ne voit-on pas que tout chemin à roulettes porterait son télégraphe, c'est-à-dire une cause *d'énorme réduction* sur son prix de revient.

Les docks cantonaux.

Mais tout ce qui précède s'efface devant ce qui nous reste à dire, nous voulons parler de l'institution complémentaire du système :

L'institution des docks cantonaux (1).

Ces derniers ne sont possibles, du moins dans toute la plénitude de la pensée sur laquelle ils reposent, que par la réalisation des chemins à roulettes ; mais en revanche, et en échange de services, ils multiplient dans des proportions incalculables l'importance de ces nouveaux organes de la circulation qu'ils complètent.

---

(1) La pensée première de cette invention moderne remonte au premier empire ; elle appartient à Ch. Fourier, et c'est une de celles qui honorent le plus son génie. Elle a été étudiée, en tout sens, sous le nom de *Comptoirs communaux* par ce grand homme si peu connu et si mal jugé.

A propos du decret que, dans sa sollicitude pour le pays, le gouvernement a rendu sur la question des *Réserves de grains*, M. Delamarre, il y a quelques jours à peine, dans des articles fort remarquables, publiés par le journal la *Patrie* entrait, à pleines voiles dans le système de solution seul admissible quand il s'agira de la sécurité des états, par une réserve sérieuse, générale et par l'atténuation indéfinie des oscillations désastreuses du prix des produits agricoles de première nécessité Si notre travail arrive sous les yeux de l'éminent publiciste, il sera heureux d'apprendre qu'une œuvre de l'industrie moderne est à même de réaliser la pensée, dont il s'est fait le vaillant apôtre, dans des limites qu'il n'eût pas osé rêver.

Chaque gare-dock est, à la fois, à son réseau, comme un *diverticule organique* et un cœur.

La production actuelle de la France est évaluée à 15 milliards, mettons que la facilité de circulation amenée par le système, aboutisse à la tripler (1) ; nous serions à même de démontrer que ce chiffre est au-dessous de la vérité ; les produits entraînés dans la circulation pourraient donc être évalués à 45 milliards. Supposons que l'administration des docks, pour frais d'emmagasinage, d'assurance contre les chances de pertes de toute nature, pour intérêt des valeurs prêtés sur le dépôt, dût prélever le 10 p. 0/0 par an, sur cette somme générale ; ses recettes ne s'élèveront pas à moins de 4 milliards 1/2 ; l'intérêt au 5 p. 0/0 de 90 milliards, à peu près le quart du prix de revient du réseau complet, calculé à 36 fr. 50 le mètre courant.

On n'a pas manqué de nous dire, qu'en cas de grande fréquentation la voie, telle que nous la supposions, serait insuffisante ; la réponse à cette objection est bien simple : on la fera double, et, dans ce cas, pour un double service, le prix sera rarement double ; car l'insuffisance ne pourra guère avoir lieu, dans la grande majorité des cas, que pour le passage des chariots ; or, pour satisfaire à ce surcroît de besoins, à peine six francs en sus de la dépense moyenne, par mètre, suffiront largement.

Du prix dans les pays neufs où barbares.

La construction des chemins à roulettes chez les peuples barbares (Asie), ou dans les pays neufs (Amérique, Afrique, Océanie), ne peut rencontrer aucun obstacle vital.

Le transport du fer, voilà toute la difficulté ; les autres matériaux et une main-d'œuvre suffisante se trouveront partout, dans des conditions que l'on ne peut même espérer chez les peuples civilisés de l'Europe.

---

(1) Monsieur Ch. de la Teillais croit que la seule mise en état des *chemins ruraux*, augmenterait la fortune publique d'un tiers. (*Journal des cultivateurs*, 18 décembre 1858, n° 30.)

Leur établissement n'est pas dans le cas d'éprouver des résistances stupides de la part des populations, comme cela pourrait arriver à la plupart des inventions modernes ; celle-ci ne présente rien de mystérieux ou de diabolique ; les peuples sauvages ou barbares sont très aptes à saisir le parti que l'on peut tirer de la force ou de l'adresse physique.

Fonder un chemin en pays neuf, ou barbare, c'est conquérir ce pays à la civilisation et le soumettre à l'esprit moderne.

Ces chemins composés d'un petit nombre d'éléments *fixes et répétés*, pourraient recevoir, à bon droit, le nom significatif et privilégié de *chemins de fer portatifs* ; le montage et le démontage pouvant s'effectuer avec une célérité merveilleuse, et le transport devant à peu près se borner au fer nécessaire.

Esquisse de leur administration.

Les chemins à roulettes seront créés comme les grandes entreprises modernes, par actions et obligations.

Les titres pourront tous être au porteur, par la raison que, sans gêner la masse des petits actionnaires sérieux, qui garderont, la spéculation proprement dite sera engourdie, paralysée, sous le poids de la masse énorme des valeurs émises.

Le gouvernement n'accordera pas les concessions, par lignes, comme les chemins de fer, mais bien par réseaux d'une plus ou moins vaste étendue.

Le cahier des charges portera uniformément que tout village, que tout hameau au-dessus de 300 habitants, devra se trouver sur le réseau, ceux d'une population moindre devant peser aussi, d'un certain poids, sur les tracés définitifs à adopter. Mais, dans l'intérêt public, ces réseaux seront divisés, en mailles de premier, de second et de troisième degrés, ces catégories désignant l'importance de la circulation, à laquelle ils devront fournir, et, par conséquent, les soins spéciaux apportés à leur construction et l'ordre dans lequel ils devront être livrés.

Les concessions seront combinées avec les tarifs et subventions, de telle sorte que le tout tombe entre les mains de l'État, dans le temps le moins long, et, autant que possible, à la même époque.

Les économistes, qui ont soutenu que les chemins de fer devaient être construits par des compagnies avaient raison, en pratique et pour le moment, comme les faits paraissent l'avoir démontré; mais leurs adversaires, les partisans de la construction par l'État, avaient raison en principe; le système de la régie, quels que soient ses avantages, dans des cas spéciaux, n'est pas en position de mener les affaires avec autant de rapidité et d'économie; mais en revanche, quelle manière de prélever l'impôt serait-elle plus heureuse que celle dont la *Poste améliorée* nous offre le type? et que ne pouvons-nous nous débarrasser de toutes nos charges en poussant le gouvernement à de pareils monopoles?...

La fonction circulatoire est, chez tout être qui s'élève à un certain degré d'organisation, une fonction commune, unitaire.

Le réseau complet, devenu propriété de l'État, lui produirait, net, une quinzaine de milliards, 8 à 10 fois l'impôt actuel, sans frais de perception.

La concession ne devrait pas dépasser 30 ou 40 ans; la faculté de rachat avant le terme devrait être stipulée, pour le cas où l'État voudrait devancer l'époque de son entrée en pleine possession.

Voilà la question de l'impôt résolue par les chemins à roulettes, d'une manière qu'il serait bien difficile de distancer.

Les compagnies seraient forcées de recevoir des souscriptions d'actions, ou obligations en matériaux et main-d'œuvre, après estimation d'experts reconnus aptes à remplir ces fonctions.

Chaque réseau aurait son conseil d'actionnaires responsable, et présentant les garanties dont veut nous protéger notre dernière loi.

Il y aurait un directeur responsable;

Un nombre suffisant de sous-directeurs, faisant le travail matériel de la direction.

Ces fonctionnaires habiteraient la gare-dock centrale du réseau.

Dans chacune des autres gares-docks il y aurait un sous-directeur faisant fonctions de directeur responsable, et, avec cela, autant de sous-directeurs que le travail en comporterait.

Toutes les diverses fonctions accomplies, par ces directeurs, sous-directeurs faisant fonctions, ou sous-directeurs, seraient numérotées, et graduellement distribuées, de manière à établir au plus haut point l'émulation dans le travail, et à régulariser les avancements.

Il y aurait, en outre, des employés de plusieurs catégories et espèces, pouvant s'élever, par leurs aptitudes, leur mérite et leurs services, aux fonctions dont nous avons dû parler. Nous insistons sur ce point, et nous pensons que ce ne sera pas une des moindres questions à fixer définitivement, par la raison que pour le public, comme pour les actionnaires, l'institution, mal administrée, ne serait pas en état de donner moitié des avantages qu'on doit attendre d'elle, et ensuite parce que, nous le disons sans malice contre les compagnies, notre ferme opinion est qu'il ne peut exister de bonne administration sans échelonnement et justice distributive, deux bases essentielles pour organiser cette *vie* et cette *émulation* qui font seules de notre armée la première armée du monde.

Ces derniers employés seraient :

Des gardes-magasin et manœuvres,

Des palefreniers et conducteurs de trains,

Des préposés au matériel des gares,

Des chefs ouvriers et ajusteurs.

Tous logeant dans la gare-dock.

Les stations, distribuées avec soin sur la ligne, logeraient chacune un garde-voie péager, qui exercerait, en même temps, une des professions nécessaires à l'entretien de la voie, celles de charpentier, de forgeron, de mécanicien, de cantonnier, etc.

Tous ces réseaux, normalement, physiologiquement découpés sur la carte, c'est-à-dire, basés sur les principes de la *géographie nouvelle*, seraient, à leur tour, unis par un double Lien Central :

D'abord la *Caisse centrale des chemins vicinaux* du pays, qui recevrait, de chaque réseau, en proportion de son revenu, une sorte de prime dont la capitalisation aiderait à la création successive des chemins ne pouvant faire leurs frais, ainsi qu'aux rectifications dans des conditions semblables; et n'ayant d'autre but que le complétement des réseaux. Elle serait une assurance contre les détériorations exceptionnelles, et c'est à elle seule que les réseaux constitués feraient leurs emprunts ultérieurs. Les bénéfices de cette banque appartiendraient à l'État, comme aussi le déficit serait à sa charge; ils seraient entièrement affectés au rachat des reseaux, et, par conséquent, au *raccourcissement* et au *nivellement* du temps des concessions.

En outre de cette Caisse centrale, il y aurait la *Banque centrale des docks*, dont on comprendra facilement la nécessité. Elle serait destinée à solidariser toutes les opérations auxquelles donnerait lieu l'organisation de ces derniers, et à leur imprimer l'unité convenable. Une des fonctions les plus importantes de cette banque-courtage serait la publication bimensuelle d'un résumé de la situation générale des dépôts, des ventes et des achats.

Ce bulletin, dont les cadres seraient clichés, et dans lesquels, sauf les observations spéciales ayant trait à la quinzaine, les chiffres seuls seraient changés, serait dressé sur les bulletins détaillés d'arrondissement établis eux-mêmes de la même manière.

Ce double lien aurait pour fonction de maintenir l'unité matérielle et administrative.

Par le système d'inspection trouvé le plus efficace, jusqu'à ce jour, elle exercerait, au moyen d'un personnel partant du centre, sur les services, comme sur la comptabilité, une surveillance pleine et non illusoire.

Sorte de conseil supérieur et de cour des comptes, elle contrôlerait les plans et leurs exécutions, vérifierait les exercices trimestriels, et trancherait les questions indécises ou en litige.

Esquisse d'un règlement.

1° *Des employés*. La partie du règlement, qui regarde les

employés, sera conçue de manière que la voie ne cesse jamais d'être en parfait état d'entretien ;

Quelle soit toujours libre d'immondices et de neige, et, à cet effet, l on pourra toujours se servir d'un chariot-balai ou curette rappelant assez bien le char destiné à cet usage, dans l'économie des Chemins américains.

Ces employés seront distribués, pour la perception du droit de passage, sur les non abonnés et les marchandises ; les abonnements n'étant délivrés qu'aux gares-docks.

Ils tiendront les chariots et leurs moteurs animés, ou non, toujours prêts aux heures, et aux lieux convenables, pour le service des voyageurs ou marchandises. Il est sensible que, sur ce dernier point au moins, les ordres devront arriver d'avance.

Les marchandises placées sur les trains, les propriétaires n'auront plus à s'en occuper, que pour retirer leurs recepissés, ou pour venir prendre les warants, qui leur seront délivres, sur la valeur actuelle de la marchandise, diminuée d'une fraction uniformément variable ; mais qui, dans tous les cas, sauf detres-rares exceptions, se tiendra intérieure aux baisses extrêmes de valeur, baisses extrêmes tres-peu au-dessous de la moyenne réguliere, par le fait même des proprietes bienfaisantes de l'institution.

Dans le cas où les marchandises emmagasinées subiraient des dépréciations anormales, par la faute de l'administration, ces marchandises d'ailleurs assurées contre tout sinistre, à la Caisse genérale des docks, seraient payées au propriétaire au plus haut cours de l'année.

2° *Des voyageurs et marchandises.* Tant que la voie des chariots serait condamnée à être simple, les dispositions suivantes seraient imposées au reglement.

Le passage des trains de marchandises et la distribution des wagons vides se ferait, la nuit, à des heures determinées, celles où l'on voyage le moins ; sur ce point, tout le souci serait pour l'administration.

Les chariots pour la locomotion de l'homme auraient aussi leurs heures fixes d'aller et de retour, de jour comme de nuit. Ces heures seraient données par l'expérience ; elles seraient distinguées par heures de plus ou moins grande vitesse, afin que chacun eût moins de chance d'être encombré ; dans l'heure de grande vitesse, le voyageur *se trouvant devant*, devrait céder son chariot à celui de derrière, plus pressé que lui ; dans ceux de petite vitesse le contraire aurait lieu ; le retardataire aurait droit, sur celui qui viendrait derrière ; la moyenne vitesse ne soumettrait pas à ces échanges.

Le départ des chariots, des trois ordres de vitesse, aurait lieu à la même heure, les plus pressés prenant, toutefois, les devants.

Cette disposition permettrait de concéder le plus d'heures possible aux chariots.

On nous objectera que, grâce au fait d'une voie simple, les heures des réseaux ne pourraient se correspondre qu'en étant différentes, ce qui jetterait le trouble, dans les heures habituelles de locomotion, de la plupart des localités. Cette correspondance ne pouvant avoir lieu, on *perdrait, d'ailleurs, le plus souvent, au réseau voisin*, en attendant les heures fixées par le règlement, le temps que *l'on aurait gagné par la vitesse.*

Cette grave objection tombe entièrement dans la pratique ; les chemins à roulettes n'aspirent nullement à se substituer aux chemins de fer ; la locomotion *individuelle* (hommes et marchandises) se fait, généralement, dans le réseau, d'une manière restreinte, et toute locale. On peut s'en assurer par l'étude approfondie de la question, et, s'il y a des exceptions, elles viennent des *amateurs*, et sont le produit de la *fantaisie* plus encore que du *besoin exceptionnel.* Dans ce cas, on supportera ces retards sans peine, puisqu'ils font, le plus souvent, partie du programme du voyage. Du reste, pour ce voyageur, comme pour celui à besoins exceptionnels, il y a toujours le *patin*, avec l'appui roulant, et même le *vélocipède*. Le mode majeur a, comme nous l'avons dit, le privilége de passer à toutes heures, à ses risques de retards et de péril, et à condition, bien entendu, de sortir de la voie, pour laisser libre passage aux organes du mode mineur. Aux heures où la voie appartient spécialement au mode majeur, les patineurs peuvent se croiser sans inconvénient; la voie est double pour eux.

Dans tous les cas, patineurs, voyageurs en chariot, conducteurs de trains, gardes, tous sont munis de sifflets de chasse, pour héler dans les endroits et à des moments désignés par le règlement; par ce sifflet les patineurs sont avertis à temps de prendre chacun la voie qui leur appartient, c'est une prescription de police à laquelle il n'y a personne qui ne soit vivement intéressé à se conformer.

Du péage.

Il convient, pour qu'un réseau ait des raisons d'une large existence, qu'il rapporte au moins 15 0/0, brut, des sommes employées à son établissement.

Intérêt de l'argent 5 0/0	7 %
Amortissement limité à 50 ans 2 0/0.	
Frais proportionnels et d'administration	8 %
Frais d'entretien	
Total.	15 %

D'après nos calculs, nous croyons, nous ne disons pas que toute ligne, mais que tout réseau, pris dans son ensemble, dépassera, de beaucoup, ce chiffre en revenus bruts, si les dispositions suivantes sont adoptées: Tout patineur payera 10 centimes par lieue, *moins de la valeur du temps, qu'on lui fait gagner par la vitesse.* Le patineur pourra prendre la voie partout où il la rencontrera, et si, en raison de cela, il pouvait avoir l'idée de frauder l'administration, quelques mesures faciles à prendre, mettraient fin à l'inconvénient. Le voyageur en chariot payera 20 centimes par lieue.

Ce tarif sera le même pour tous les réseaux, et il n'y aura de faveur ni pour l'âge, ni pour le sexe.

Les marchandises payeront, également par lieue, mais, elles, selon un tarif mobile, variant avec les réseaux, dressé, maintenu, ou modifié, dans l'intérêt combiné du pays et des actionnaires, mais sanctionné, comme on peut le prévoir, par l'administration centrale.

Un point, vers lequel on tendra, par toutes les mesures

propres à cela, c'est l'*abonnement universalisé*. Ce dernier ne sera, toutefois, appliqué qu'aux voyageurs seulement, les marchandises ne profiteront nulle part de cette faveur. Il y aura des abonnements quotidiens, semi-quotidiens, hebdomadaires ; des abonnements de famille, ou individuels, avec des catégories, à part, pour les femmes et les enfants : voici un aperçu des tarifs qu'il nous paraîtrait bon d'adopter :

	Quotidien.	Semi-quotidien	Hebdomadaire
Abonnement de *famille* (père, mère, enfants). .	50	40	30
Abonnement individuel d'*homme*.	25	20	15
Abonnement individuel de *femme* ou *d'enfant*. .	15	12	10

Le droit de se servir des machines du mode mineur augmenterait ces chiffres d'un tiers par abonnement, ou serait payé à raison de 10 centimes par lieue ; le droit de se servir des moteurs vivants ou physiques, et des chariots de luxe étant, encore, une affaire tout à fait à part et fixée par le règlement.

Ces abonnements seraient payés par semestre et d'avance; il serait délivré, à chaque abonné, ou membre d'une famille abonnée, une médaille que les voyageurs, pour ne pas être arrêtés dans leur course, fixeraient sur un côté de la poitrine; elle porterait, pour les employés, un signe visible à distance, indiquant le genre d'abonnement.

L'abonnement à un réseau, grâce au lien commun, aurait franchise sur tous les autres, et, le prix d'abonnement versé, n'importe où, serait, dans tous les cas, compté au réseau du pays de naissance, du moment qu'il serait créé.

Droits perçus par les docks.

Pour les docks, ils auraient, comme nous l'avons dit, leur comptabilité à part. Ils prendraient sur les marchandises qui leur seraient livrées en dépôt :

1° Un droit fixe d'emmagasinage ;

2° Une prime d'assurance contre le coulage, de tout genre,

et les sinistres qui pourraient survenir ; cette prime serait évidemment basée sur la quantité, la nature des marchandises et le temps de séjour ;

3° Enfin un intérêt sur les valeurs prêtées, avec ces marchandises pour garantie ; ces valeurs, papier-monnaie, (warants) circulant comme des billets de banque, ce taux d'intérêt ne s'élèverait pas au-dessus du revenu moyen de la propriété bien-fonds.

Au-dessous de cette limite extrême, ce taux serait mobile et, par ses augmentations ou diminutions générales, ou particulières à un réseau, réglées par la sollicitude du conseil central, organe du gouvernement, il pourrait descendre jusqu'à zéro, et même, dans certains cas réservés, devenir une prime, plus ou moins importante. Le gouvernement mathématiquement, et à chaque instant, informé de l'état des approvisionnements du pays, pourrait, à peu près sans frais, et sans autre peine que celle qu'il y a à porter un décret, obtenir qu'il y eût, sur chaque point du sol, une réserve de tous les produits, toujours en proportion avec une mauvaise récolte présumée.

Ainsi *plus d'usure*, plus de *domination de l'agriculture par la banque et l'argent* au moyen d'un prêt de valeurs plus sûres que l'or, et calculées pour cela ; plus d'agiotage, ni d'accaparement exercé, sur les produits de l'agriculture, au détriment du producteur et du consommateur, toute vente ou achat étant nécessairement connus et effectués sur un cours ne pouvant être factice.

Un grenier d'abondance perpétuel portant sur tous les produits et sur tous les points du pays, s'organisant sans frais et pour ainsi dire en jouant, par lui-même, comme une soupape de sûreté.

Enfin une fermeté et une régularité des prix pouvant désormais être soumise à des calculs scientifiques, et se combiner avec les leçons de la météorologie, et de la statistique, pour créer, spécialement à l'agriculture et à ses nourrissons, un avenir plus brillant et plus sûr, que ne fut désastreux le passé, avec ses paniques, et ses imprévoyances fatales.

Nous avons fait les droits perçus par l'administration des

docks, au total, égaux, en moyenne, au 10 0|0 par an, en dehors des avantages énumérés plus haut les hommes compétents comprendront qu'il en reste encore un capital à énoncer ; ils savent fort bien que, dans l'état où se trouve actuellement l'exploitation rurale, les déchets que subissent les produits par le coulage, et la mauvaise conservation, ne s'élèvent pas à moins de 15 0|0, après avoir passé partout. Combien de richesses perd, chaque année, la société en laissant vieillir ce qui devrait être consommé, sans qu'aucun remède puisse être apporté à cet état de choses !...

Le consignataire ne soldant pas sa prime à l'administration, cette dernière liquiderait d'office la position réciproque, du moment que ce qui serait dû par lui, atteindrait la valeur actuelle de la marchandise en dépôt.

Calcul des vitesses sur le chemin d'Aoûste à Crest.

Il nous reste, pour compléter notre étude, sur le chemin d'Aoûste à Crest, à présenter au lecteur les résultats de vitesse que des calculs bien établis nous promettent.

Au point de vue *du niveau*, la voie que nous étudions est composée de deux inclinaisons différentes : l'une 1899^m de long, ayant une pente de 0^m,0026 par mètre, l'autre de 777^m, avec une pente 0^m,0149 par mètre ; ce qui fait une rampe moyenne de 0^m,007 par mètre sur une longueur de 2676 mètres.

En raison du peu de longueur de ce trajet, le voyageur est à même de faire usage de *l'effort intermédiaire*, que nous estimons au-dessous de sa puissance, en le faisant égal à 20 kilogrammètres, pour l'*acte de patiner*, comme pour l'*acte de ramer*. Si nous ne tenions aucun compte des résistances de l'air, la vitesse, avec le patin, sur l'horizontale, étant de 61^m,52 par 1″ (55 lieues à l'heure) nous aurions pour la première rampe 61^m,00 par 1″ (53 lieues à l'heure) ; pour la deuxième 48^m,54 par 1″ (43 l'heure) et, pour la moyenne, 57^m,38 par 1″, (51 lieues à l'heure).

Pour un chariot prenant son adhérence au point d'appui, et se mouvant, dans la condition des chemins de fer, construit d'ailleurs scientifiquement, dans les vues d'utiliser le mieux possible la force produite par l'acte de ramer, les résultats de vitesse nous ont paru devoir être de moitié moindres dans les quatre cas précédents; toujours, bien entendu, en ne tenant pas compte des résistances de l'air. Il en serait toutefois autrement et la petite machine gagnerait bien au moins un quart d'effet utile locomoteur, si la prise d'appui pouvait avoir lieu par la rame même, et sur la voie, sans avoir recours à l'adhérence des roues, uniquement affectées désormais à la simple fonction du roulement, au transport de la masse.

Telle serait la vitesse du parcours de ce chemin de Crest à Aoûste; voyons, maintenant, dans les mêmes conditions, quelle serait la vitesse de retour, c'est-à-dire en venant d'Aoûste à Crest.

Il est sensible que, pour arriver à ce que nous cherchons, il convient d'ajouter à la force humaine l'effet de la pesanteur; les resultats du calcul sont les suivants: pour la première portion, celle contiguë à Crest, 61^{m},5226 par 1″ (55 lieues à l'heure); pour la deuxième, contiguë à Aoûste, 62^{m},35 par 1″ (près de 56 lieues à l'heure), pour la moyenne du parcours pris dans son ensemble 61^{m},59 par 1″ (55 lieues à l'heure). Prenant la moyenne d'aller et de retour, c'est-à-dire la moyenne de vitesse du voyage, nous aurons 59^{m},48 par 1″, ce qui fait que, pour ce cas, la déclivité de la voie est la cause d'une déperdition de 2^{m},04 par 1″, pas tout à fait deux lieues à l'heure.

Le chariot, dont il a été question plus haut, en raison de son poids et quel que fût, d'ailleurs, le mode de prise d'appui de la force active, ressaisirait également, au retour, c'est-à-dire sur la pente, une portion des avantages perdus sur la rampe; mais la masse ne modifiant pas les effets de la pesanteur, l'effet locomoteur moyen du parcours resterait, comme pour le patin, au-dessous de la vitesse qu'on pourrait obtenir, sur une ligne horizontale, avec le même appareil.

Tels seraient les effets vertigineux de locomotion obtenus, si nous n'avions pas à lutter contre un puissant obstacle, supposé absent, la *résistance active ou passive de l'air*. Or, d'après les données actuellement reconnues les plus justes, par les savants qui se sont occupés de la matière, et d'après les renseignements que nous devons à l'obligeance de M. Bouvier, un ingénieur distingué de nos amis, (la plus grande section transversale du patineur étant de 0m, carré 4650), par un *temps calme*, et à la *vitesse du vent dit impétueux*, qui est de 13m,11 à la 1", (environ 12 lieues à l'heure), la vitesse effective qui resterait au patineur serait encore de 10m à la 1" (environ 9 lieues à l'heure) ; à la vitesse de 13 lieues (14m,44 par 1") non-seulement il n'y aurait pas de mouvement effectif en avant, mais encore, tout en donnant tout l'effet possible, il serait poussé en arrière avec une force de plus de 5 kilogrammètres.

A 5 lieues à l'heure il lui resterait en puissance une vitesse de 54 lieues;

A 6 lieues, une vitesse de 54 lieues à l'heure;

A 7 lieues, une vitesse de 53 lieues à l'heure;

A 8 lieues, une vitesse de 48 lieues à l'heure;

A 9 lieues, une vitesse de 45 lieues à l'heure.

Pour obtenir ces résultats nous n'avons eu qu'à extraire l'expression de la résistance, rencontrée par la plus grande section de l'homme, dans chacune de chacune de ces diverses vitesses, de l'expression kilogrammétrique de l'homme, et à transformer en vitesse de roulement la différence. Pour les chariots, la plus grande section offerte, par eux, dans les meilleures conditions de construction, étant d'au moins 1/4 en sus, la résistance serait augmentée dans la même proportion, pour chacun des cas précédents, et le poids du système roulant, étant, au moins, augmentée de moitié, il y aurait encore, sur la différence, une perte double par les résistances propres rencontrées par le roulement. Dans les calculs donnés ci-dessus on a supposé l'air calme, mais, comme chacun le sait, il est souvent plus ou moins agité et, pour chaque contrée, dans un sens spécial, et avec une certaine constance; chaque pays a son ou ses vents. Il est sensible que leur effort, sur le voyageur, devra s'ajouter ou se retrancher d'une manière plus ou moins avantageuse, à l'effet moteur auquel nous sommes arrivés, plus haut, par le calcul. La vallée de la Drôme, dans laquelle a été établi notre projet, n'est pas dans un cas trop défavorable ; les vents qui y soufflent sont assez variés ; ils ont, généralement, assez peu de force ou de constance pour qu'on puisse les considérer comme compensant, à peu de chose près, leur action contraire, par leur action favorable ; nous disons : à peu de chose près ; le vent du nord ou du midi, qui sont les plus fréquents, soufflant perpendiculairement à la voie, occasionnent, par cela même, une pure perte par le frottement latéral des rebords des gorges, contre les rails ; mais cette déperdition, en fin de compte, se réduit à peu, en raison du calme habituel de la vallée, et de la vitesse du patineur ; elle pourrait être négligée. On ne peut, également, admettre qu'il puisse y avoir un privilége de l'aller sur le retour, ou réciproquement, par suite de la prédominance moyenne d'un des vents (de traverse) opposés qui soufflent selon l'axe de la voie.

Les courbes de cette dernière ne peuvent pas être non plus, par elles-mêmes, une cause de ralentissement ; elles sont trop insignifiantes et il les faudrait bien multipliées et d'un rayon bien court, pour que leur action fût sensible.

Dans tous les calculs qui précèdent, nous avons supposé que le roulement du patin, sur la voie ferrée, était dans les conditions d'un wagon de chemin de fer, du poids de 65 kilogrammes, tiré avec une force de 20 kilogrammètres ; cela est vrai pour le patineur habitué qui saura ne pas poser son pied à faux ; tout le soin et l'adresse du patineur tendront vers ce but ; mais l'impéritie du débutant même ne le placera pas dans des conditions bien inférieures au roulement des *wagons ;* nous ne disons par des *locomotives,* qui elles, sont obligées d'*être lourdes* pour pouvoir marcher vite ; le patineur est dans des conditions autrement favorables, sur ce point ; quelle différence n'y a-t-il pas entre l'adhérence des roues et la prise d'appui par le pied sur l'ornière ?

Ces résultats sont bien faits pour étonner, et l'on ne manquera pas de nous objecter que jamais aucun patineur, sur la glace, dans les plus belles conditions, n'a pu se donner le luxe d'une vitesse approchante ; et que, par conséquent, nos calculs doivent avoir été établis sur des sables mouvants.

Nous arrêtons ici cette argumentation :

En dehors des obstacles externes la locomotion nouvelle à des obstacles internes, *physiologiques* ; les fonctions respiratoire et cardiaque s'opposent, par l'anhélation, l'étourdissement et le vertige, à ce que l'on franchisse une limite à *peu près la même pour tous*, ce qui contribue à la régularisation, à l'uniformisation des vitesses, aussi bien qu'à la possibilité de pouvoir prolonger, au besoin, l'exercice de la nouvelle locomotion, pendant un temps plus long en condamnant, pour le moment, le voyageur à un ménagement forcé de ses organes moteurs; tous points d'une grande importance.

Cette limite extrême nous paraît devoir être, *à priori*, et en raisonnant par analogie, environ *huit lieues à l'heure*. Il est, d'ailleurs évident que l'excédant de force, que les fonctions thoraciques condamnent à l'inaction, représente un approvisionnement naturel, qui trouvera son emploi dans le gravissement des rampes d'un taux élevé.

En ce qui concerne les chariots et spécialement le mouvement de rame, ce surcroît de force pourra être également mis en position de s'emmagasiner, pour un usage ultérieur, avec (1) le surplus de vitesse obtenu dans les pentes, et que, sur les routes ordinaires, on s'est borné à éteindre en pure perte, au moyen de sabots et autres freins.

Ce ressort, ainsi monté, pourrait, par une manœuvre simple et facile au voyageur, être converti en véritable moteur, sans préjudice pour la force dont il serait déjà animé. De la sorte, un chariot automoteur, avec son ressort, ressemblerait passablement à un double soufflet, dans lequel le vent expulsé serait très-bien représenté par la force utile produite.

---

(1) On fabrique, aujourd'hui, des ressorts d'une très-grande puissance, sous un petit poids et volume ; à ce point qu'ils ont pu être employés à la locomotion de petites barques, pour la chasse sur les étangs; ces organes qu'on peut perfectionner encore, nous n'en doutons pas, seront appliqués avec fruit aux chariots, dans des vues d'économie de force, de régularisation de vitesse, et d'agrément pour le voyageur, qui par leur jeu pourra, sans s'arrêter, suspendre son action, et se reposer pendant un certain temps.

De l'Essai.

Le but que nous poursuivons, par la publication de ce mémoire, et par les efforts que nous faisons, pour le soumettre à la critique de toutes les sociétés et de tous les hommes compétents, en la matière, c'est d'en *arriver à un essai.* Mais il faut que cet essai soit complet, pratique, absolument démonstratif, ne laissant rien d'important à résoudre ; il faut qu'il soit dans des conditions telles, qu'il soit donné le plus grand éclat à son succès, comme à son échec. Il faut que, si nous apportons une vérité, elle soit adoptée, et que si nous sommes tombé dans une grave erreur, personne n'y tombe plus après nous. C'est dans ces idées que nous sollicitons auprès du gouvernement impérial que nul progrès ne trouve insensible, et avec l'espoir de l'obtenir, la concession d'une ligne de chemins-à-roulettes, au bois de Boulogne ; l'établissement de cette ligne ne pouvant, en aucune manière, en cas d'échec comme en cas de réussite, dégrader ce jardin que l'Europe et le monde civilisé nous envient, constituera, au contraire, pour le temps qu'on voudra, un jeu, un amusement, un moyen de distraction de plus, ajouté à tant d'autres, et une distraction et un amusement nouveaux, de nature à passionner presque tout le monde.

N'aurons-nous pas transporté, en un séjour enchanteur, cela pouvant durer dans toutes les saisons, l'équivalent de toutes ces belles récréations sur la glace, privilége des pays du Nord, et qui avaient tant d'attrait, même alors qu'on n'entrevoyait pas dans leur principe, un grand germe d'utilité sociale. Nous ne doutons donc pas que le gouvernement, bien informé, ne nous accorde cette concession. Quant à l'essai, au point de vue industriel, voici à quelles idées nous nous sommes arrêté :

Il sera ouvert une souscription de 100,000 francs, suffisant, au delà, pour un essai démonstratif du système ; l'ingénieur s'y prendra de telle sorte que, dans la construction et le tracé, il soit touché à toutes les difficultés de quelque importance.

Ce capital sera divisé en deux parties de 50,000 francs chacune; la première devra être subdivisée en *actions de 25 francs* et *coupons d'actions de 5 francs*. Ces actions et coupons subiront toutes les chances de l'entreprise, mais il leur sera attribué de grandes faveurs en cas de succès.

La seconde partie sera divisée en *obligations de 1,000 francs*, auxquelles il sera servi un intérêt de cinq pour cent, et qui auront pour garantie le matériel, en cas d'échec. Le matériel d'un chemin-à-roulettes, n'ayant fonctionné que peu de temps, vaudra toujours la moitié de ce qu'il aura coûté. Pour s'édifier sur ce point, on n'a qu'à se reporter aux détails que nous avons donnés sur la construction Sur ce point, comme sur les autres, nous ajournons en temps et lieu de plus amples détails.

Maintenant que le lecteur connaît la direction générale de notre pensée, sur toutes les parties constituantes du système, il en devinera une bonne portion, et peut-être, nous aimons à l'espérer, en raison de ses connaissances spéciales et de ses réflexions, sera-t-il mis à même d'apporter quelque utilité à l'idée nouvelle, c'est pourquoi nous le prions, nous l'adjurons, au nom de la pensée-mère, de ne nous épargner ni les critiques, ni les adhésions, ni les rectifications, afin que l'épreuve soit complète, et de nous les adresser soit par la presse, soit par la parole dans les sociétés, soit par des communications épistolaires directes, et à notre adresse, à Crest (Drôme); il sera fait droit à toutes, dans les plus larges limites.

Le lecteur vient d'entendre l'exposé consciencieux d'une pensée qui travaille notre esprit depuis dix ans. Rien n'a été négligé pour que, dans les bornes qui nous étaient imposées par le journalisme et la discussion publique, bornes que, peut-être même, nous avons trop reculées, la question fût présentée, avec tout le relief et toute la clarté possibles, et scrupuleusement, intégralement agitée devant nos juges. Il ne manque, à cet exposé, aucune des nervures importantes du sujet, et nous l'avons présenté, sous deux faces, en allant du principe à l'exécution, et de l'exécution supposée au principe constitutif; double méthode portant avec elle les garanties fondamentales d'une exposition suffisante.

Nous avons ainsi à peu près terminé la nouvelle étape par laquelle devait passer notre œuvre; et il ne nous reste plus qu'une courte tâche, celle d'esquisser, à grands traits les linéaments féériques de l'avenir qu'elle promet à la civilisation.

DES
CONSÉQUENCES DU SUCCÈS

Valeur et position de l'idée.

Que l'inventeur ait *trouvé* ou *cherché*, qu'il ait *ramassé* ou *extrait* la pensée qui fait sa fortune, cela n'a guère d'importance que pour ceux qui sont pris, après lui, de la fièvre sacrée, et qui ont un grand intérêt dans la question de la *méthode universelle*.

La société n'a rien à observer, il ne peut y avoir de *restriction*, de sa part ; elle *doit*, elle est *obligée*. Mais, en revanche, l'idée ne sera jamais, devant elle, qu'un *jeu de l'esprit, un hasard*, qu'elle pourra s'approprier, en quelque sorte, si l'inventeur n'a conçu clairement, et n'est à même de dire, *d'où elle vient et où elle va ;* s'il n'en connaît le *poids juste*, l'importance réelle. C'est pourquoi il est vrai de dire que celui qui soutient un inventeur, en le faisant connaître à lui-même, en fixant les bases de son idée, et en limitant nettement, pour tous, les horizons qu'elle ouvre, nous a toujours semblé *entrer en bonne part* dans le mérite, et pouvoir revendiquer, à juste titre, une importante fraction de ce qui n'est plus la propriété exclusive du premier (1).

---

(1) Le mérite spécial de la vulgarisation d'une invention, et après ce dernier, celui de sa première incarnation doivent encore être tenus en grande considération. Combien de grandes inventions ont-elles eu pareille destinée à celle qu'on a prêtée à tort ou à raison à ces graines trouvées dans les bandelettes des momies, et qui donnent des fruits, après plusieurs mille ans de léthargie. Que serait encore notre idée sans la bienveillance de l'éminent publiciste, qui a consenti à remplir, à son égard, les ingrates et chanceuses fonctions de parrain ?

En dehors de l'invention proprement dite, nous revendiquons exclusivement, pour nous, d'avoir trouvé et montré d'où elle vient et où elle va; d'avoir précisé ses légitimes et fixes origines, et d'avoir analysé ses vastes conséquences.

Le problème de la colonisation universelle.

En l'état où en sont les choses sociales, aujourd'hui, et avec la rapidité merveilleuse d'un changement de décors à vue, l'adoption du système est à même de pousser, jusqu'à ses dernières limites, l'équilibration des populations à la surface du sol, et de résoudre, de la sorte, le problème gigantesque de la *colonisation universelle.* Voyez en effet; sur une surface réduite des 7/8 n'égalise-t-elle pas les mêmes populations? En ces matières, qu'est-ce que la suppression des distances et la régularité circulatoire? De cette colonisation rapide comme base part *l'exploration immédiate de tout le globe,* le *mélange* des lumières et l'*échange* et l'*utilisation* d'une masse de connaissances, pour le moment, cachées ou inaperçues.

Le système, à ce point de vue, ne laisse rien à désirer; le fer peu volumineux se transporte facilement, les autres matériaux sont tous pris sur place, et la main-d'œuvre peu importante, n'exige aucun apprentissage.

Décharge de populations pour les sols encombrés; *mise en valeur* facile de sols fertiles, improductifs jusqu'ici, et se prêtant admirablement, par leur étendue, aux moyens de l'agriculture nouvelle. Plus de disettes, les nationalités s'honorant d'un respect réciproque, s'échangent leurs enfants et se lient par les liens inaltérables du sang; plus de *guerres de conquête,* plus de *guerres de race.* Plus de dévastations, plus de détériorations du globe, par les nations trop populeuses, placées naguère dans la fatale alternative, de *déchirer le sein de leur nourrice,* ou de *vivre en parasites.* Plus d'inondations; le noir cortége des épidémies ne s'appesantit plus sur tout ce qui vit; *il se retire,* car ces fléaux naissent incontestablement, tous, du *défaut d'équilibration des populations, à la surface du sol.*

Sans cette équilibration, comment les forêts seraient-elles reboisées, les déserts plantés, les marais et les étangs assainis, rendus productifs, les savanes fertilisées et les forêts vierges exploitées?

Conséquences politiques.

En matière politique, réformes fondamentales; exemple: La France a 527,686 kilom. carrés, et avec cela 36 millions d'habitants. Notre système réduit, politiquement, ce pays en 175 cercles, ayant pour rayon le chemin qu'on peut *parcourir en une heure*, avec la vitesse moyenne de la locomotion, et habités par une population de 200 *mille âmes*. Ceci revient à dire que, désormais, tout canton est peuplé de 200 mille âmes, au lieu de 12 mille; quelles conséquences pour la civilisation! Les recoins les plus obscurs du pays, sans exception, sont mis à même de bénéficier des avantages attachés à l'habitation des centres de 200 mille âmes, sans en supporter les inconvénients. Le pays n'est plus qu'un département. Quels avantages en faveur de la centralisation politique! Quelle intimité naît, de tout celà, entre les gouvernements et les peuples! Quelle impossibilité de troubles matériels, et de révolutions! Quelle facilité de surveillance des fonctionnaires! Quelle économie et sûreté dans l'administration! Quelle clarté, quelle vérité en tout!.....

Et, au besoin, la guerre pour la justice, quels avantages n'en peut-elle pas tirer? Si les chemins à roulettes eussent existé, lors de la guerre de Crimée, que de fatigues de moins pour tous et quelle mortalité moindre? Quelles facilités d'évolution autour de la place! Une armée deux fois plus forte n'aurait pas eu plus de puissance.

Sans être un *nouveau mode de destruction plus puissant* que ceux que nous avons déjà, les chemins à roulettes rendent la guerre de plus en plus impossible.

En *multipliant par huit* le nombre des défenseurs de chaque peuple; en faisant, de tout pays, *comme un camp*, défendu par tous, en tous les points à la fois, il *protége efficacement* les *petites nationalités* contre l'ambition des grandes.

Conséquences commerciales.

Et dans l'ordre commercial et économique quelle autre plus grande révolution ! L'existence du *comptoir communal* n'est-elle pas indissolublement liée à la réalisation du système ? Quel événement pour les producteurs et les consommateurs, quelles richesses arrachées, d'un seul coup, au néant et au parasitisme de la spéculation !

Réforme de l'échange par le bulletin des docks et la tenue des livres ; réforme du crédit par l'universalisation du warrant et la réduction progressive de la *fiction*, par là le propriétaire est admis aux *priviléges de la banque ;* réduction indéfinie des pertes énormes qui résultent, pour le producteur, du *coulage* de *l'emmagasisage défectueux,* des *charrois intempestifs,* des *ventes* inconsidérément *hâtées* ou *retardées ;* réduction indéfinie des *oscillations* funestes du prix des denrées ; possibilité pour les gouvernements de savoir à chaque instant, d'une manière absolument juste, l'état de la provision publique ; sans dépenses pour l'État et les communes, approvisionnement méthodique et grenier d'abondance universel perpétuel.

Vérité et clarté dans toutes les relations commerciales, mort subite de la spéculation, et fin des misères sociales qu'elle entraîne. L'esprit de jeu, qui, moralement, empoisonne notre siècle, et, à lui seul, ternit son éclat, est extirpé du coup, jusque dans la profondeur la plus intime de ses racines.

Résultats tangibles pour chacun.

A chaque individu, sans exception, le système donne immédiatement l'équivalent de trois beaux chevaux harnachés, soignés et nourris, toujours prêts, ou mieux encore, indépendamment des avantages de vitesse et de précision du mouvement, il donne, pour un surcroît de dépenses sur transport, de 189 francs des avantages qui, dans le vieux système, eussent coûté 3,249 fr. Il convertit en capital, portant bon intérêt, le chômage employé à leur construction.

Santé publique.

Aux précédents avantages il faut joindre ceux de l'hygiène, qui ont, croyons-nous, une bien autre importance que les précédents ; car la santé est le premier des biens.

Par le système, les forces musculaires de tous les hommes sont, désormais, mises en demeure, et comme forcées de se développer intégralement ; il pourrait, en effet, se définir : La gymnastique universelle appliquée à la locomotion de l'individu. La gymnastique, dirigée dans l'utile sens de cette locomotion, ne perd pas un seul de ses avantages : elle demeure, encore, un agrément, une préparation très-utile à tous les travaux du corps ; elle sauvegarde et protége l'esprit.

Elle est hygiénique en prévenant les maladies et corrigeant les tempéraments, elle est thérapeutique en guérissant réellement. Toute course est un bain d'air comprimé. La gymnastique, largement appliquée, amène, à son tour, l'universalisation de l'usage des bains, et tous les avantages médicaux, qui en découlent.

Plus de boue, plus de poussière pour le voyageur, plus de chaleurs étouffantes. L'importance des résistances de l'air, et les conditions nouvelles de la locomotion amènent, de toute nécessité, dans notre costume les réformes radicales que réclament, à grands cris, l'art et le goût, et que rend possibles et pratiques l'industrie. On comprendra, d'ailleurs, facilement que la *boue*, la *poussière*, combinées avec la *nécessité de la marche simple*, imposent, à l'homme, les conditions particulières qui dominent la mode et la maintiennent dans les formes actuelles ; or, on sera, désormais, affranchi de ces conditions, sans qu'il en soit créé d'autres.

L'agrément.

Ne faut-il compter pour rien le *bonheur des voyages*, et le plaisir pur et simple de se *mouvoir rapidement*, avantages que savourent tous les hommes, quand ils sont en pouvoir de se satisfaire, et dernier plaisir, comme seul remède, de ceux qui ont abusé de toutes les jouissances de la vie.

N'est-ce pas un grand bienfait que d'appeler tous les hommes, sans distinction, au partage de ce bien moral, qui élargit les âmes en les guérissant, et les rendant meilleures. Aménité, charité, tolérance, élans généreux, ne sont-ce pas là les qualités incontestables du touriste, celles, du moins, que développent en lui les voyages et les pérégrinations?

Sociabilité.

Et la fréquentation des hommes entre eux n'est-elle pas, à la lettre, dix fois plus grande? N'est-on point, désormais, en position de faire un *choix facile* des êtres avec qui l'on pourra sympathiser? L'on n'est plus forcé de vivre dans une *société artificielle* et créée comme de force; les conséquences déplorables d'un pareil état s'évanouissent. Il n'y a plus de *molinchartisme;* qu'on nous passe ce mot d'un peintre de mœurs du jour; la *jalousie, l'envie*, ce ver rongeur des *petites villes s'impersonnalisent* et les ongles déchirants de la médisance n'ont plus de venin. L'humanité ne serait-elle pas une famille d'artistes et de savants, si l'*envie* et le *jeu* n'étaient plus de ce monde?

Résultats en contrecoup.

Je n'en finirais pas si, voulant épuiser la question, j'entreprenais de faire ressortir *l'influence de l'idée* sur le développement consécutif de l'industrie révolutionnée, renovée par elle, sur l'exploitation nouvelle et méthodique des richesses, que le globe tient précieusement renfermées dans son sein, reconnaissant de nos efforts; si je voulais faire voir toutes les solutions nouvelles, que prépare cette *petite idée faite,* en entier, *de jouets d'enfants et d'adultes,* cette idée dont l'annonce a tant provoqué de sincères sourires.

Résultats général.

Pour résumer notre pensée, la réalisation intégrale du

système, en se mettant à l'œuvre dès aujourd'hui, en moins de vingt ans aurait, à elle seule, *triplé et même quadruplé* la richesse publique; elle aurait entraîné, tout d'une pièce, notre civilisation dans un immense système de garanties, vers lequel elle *tend* plus qu'elle *n'aspire*, de toutes les forces de sa vie; vers lequel elle doit trouver, enfin, une halte, un repos, en attendant, toutefois, qu'elle reprenne sa marche vers les destinées supérieures pour lesquelles l'homme fut créé :

Admiranda levium spectacula rerum.

AU LECTEUR.

A cette œuvre, lecteur, j'ai travaillé dix ans de ma vie; n'est-ce pas assez pour que j'ose vous la soumettre?

Après avoir lu cet opuscule, et appliqué, pendant quelques heures, votre attention, à l'étude des grandes questions qu'il soulève et agite, avez-vous trouvé quelque objection vitale? S'il en est ainsi, considérez, comme un devoir, de la faire connaître.

Mais si, la main sur la conscience, vous n'avez rien trouvé contre le système, si ce n'est *qu'il n'a pas subi la sanction de l'expérience*, aidez à l'inventeur pour qu'il puisse détruire ce dernier argument; souvenez-vous des plans et projets de Papin, de Fulton, de Philippe de Girard, de Lebon et tant d'autres égaux ou moindres en gloire, et dites-vous combien, désormais, pour les amis de l'humanité, il vaudrait mieux avoir, *vainement, prêté son concours à mille inventeurs*, que d'avoir, avec l'expérience de nos temps, étouffé, sous le poids, ne serait-ce que de *l'indifférence* ou du *dédain, une seule* des grandes inventions qui composent ou composeront la couronne glorieuse de notre grand siècle.

Paris. — Imp. de J.-B. Gros et Donnaud, rue Cassette, 9.

www.ingramcontent.com/pod-product-compliance
Ingram Content Group UK Ltd.
Pitfield, Milton Keynes, MK11 3LW, UK
UKHW020244220726
13923UKWH00002B/816